KB175192

회화

中國 西安의 문화유산

Xi'an Relics Essence_Painting

초판인쇄 2014년 6월 17일
초판발행 2014년 6월 17일

엮은이 시안시문물보호고고학연구소
옮긴이 중국문물전문번역팀
펴낸이 채종준
진 행 박능원
기 획 조현수
편 집 정지윤 · 백혜림
디자인 이명옥
마케팅 황영주

펴낸곳 한국학술정보(주)
주 소 경기도 파주시 회동길 230(문발동513-5)
전 화 031-908-3181(대표)
팩 스 031-908-3189
홈페이지 http://ebook.kstudy.com
E-mail 출판사업부 publish@kstudy.com
등 록 제일산-115호(2000. 6. 19)

ISBN 978-89-268-6264-3 94910
        978-89-268-6263-6 (전11권)

 한국학술정보(주)의 학술 분야 출판 브랜드입니다.

中國 西安의 문화유산

회화

시안시문물보호고고학연구소 엮음
중국문물전문번역팀 옮김

한국학술정보

한눈에 보는 중국 시안의 문화유산

시안은 중국 고대문명의 발상지로 역사상 13왕조의 왕도인바 중국 전통문화의 산실이라고 할 수 있다. 주 · 진 · 한 · 당나라 등의 수도로서 청동기를 비롯한 각종 옥기와 금은기, 불교조각상, 당삼채, 도용, 자기, 회화, 서예 등 수많은 문화유산을 남기고 있다. 그러나 이러한 문화유산은 여러 박물관이나 문화재연구소에서 분산 소장하고 있어 한눈에 감상할 수가 없다.

시안을 답사했을 때 중국의 지역연구기관으로서 시안 지역의 유적 · 왕릉 · 건축물 등 역사문화유적의 보호와 연구를 담당하고 있는 시안시문물보호고고학연구소에서 정리하고, 세계도서출판 시안유한공사에서 발행한 『시안문물정화』를 접한 바 있다. 이번에 출간된《中國 西安의 문화유산》시리즈는 이를 번역 · 출판한 것으로, 이를 통하여 시안의 문화유산을 한눈에 감상할 수 있게 되었다. 이 책은 전문가들이 몇 년간에 걸쳐 시안의 문화유산 가운데 에센스를 선정, 회화 · 금은기 · 옥기 · 당삼채 · 불교조각상 · 자기 · 청동거울 · 도용 · 청동기 · 서예 · 도장 등으로 분류하여 집대성한 것이다. 중국어를 해득하지 못하는 이들을 위해 한국어 번역의 각종 문화유산에 대한 상세한 해설을 실어 이해를 돕고 있으며, 화질이 좋아 원서보다도 선명하게 문화유산을 접할 수 있게 되었다.

특히 회화편은 원서보다도 화질이 선명하여 그림의 색감이 더 살아나며, 청동기와 동경도 세밀한 부분이 더 입체적으로 드러나고 있다. 회화편의 경우, 그림을 보고 있노라면 한국화의 주제나 기법이 어디서 영향을 받았는지를 확연하게 알 수 있어 한국의 회화를 이해하는 데도 많은 도움이 될 것이다. 청동기와 동경의 경우, 한국의 그것과 공통점과 차이점을 비교해 보는 재미를 느낄 수 있으며, 불교조각상과 자기의 경우에도 중국과 한국의 공통점과 차이점을 한눈에 살펴볼 수 있다. 이와 같이《中國 西安의 문화유산》시리즈는 중국의 문화유산을 감상하고 이해하는 것뿐만 아니라 한국의 문화유산과의 비교를 통하여 두 전통문화 간의 공통점과 차이점을 느낄 수 있다.

실크로드의 기점인 시안은 중국뿐만 아니라 서역의 많은 문화유산을 소장하고 있으나 이곳의 문화유산을 감상하려면 박물관이나 미술관에 직접 가야만 하고, 중요한 유물을 모두 보기 위해선 여러 번 발품을 팔아야 한다. 이에《中國 西安의 문화유산》시리즈는 한눈에 중국의 우수한 문화유산을 감상하면서 눈의 호사를 누리고, 중국의 전통문화를 제대로 이해하는 계기가 될 것이다.

2014년
前 문화체육관광부 장관
現 고려대학교 한국사학과 교수
최광식

중국 시안의 유구한 역사를 보여주다

시안은 중국의 역사에서 다양한 별명을 갖고 있다. 중화문명의 발상지, 중화민족의 요람, 가장 오래된 도시, 실크로드의 출발지 등이 그것이다. 시안의 6천 년 역사 가운데 왕도(王都, 혹은 皇都)의 역사가 1200년이었다는 사실도 시안을 일컫는 또 다른 이름이 될 수 있다. 즉, 시안은 남전원인(藍田原人)의 선사시대부터 당(唐) 시기 세계 최대의 도시 단계를 거쳐 근대에 이르기까지 중화의 역사, 종교, 군사, 경제, 문화, 학예 등 분야 전반에 걸쳐 가히 대륙의 중심에 서 있어 왔다고 할 수 있다. 그만큼 시안은 역사의 자취가 황토 고원의 두께 만큼 두껍고, 황하의 흐름만큼 길다고 할 것이다.

시안시문물보호고고학연구소에서 엮은 『시안문물정화』 도록 전집은 이와 같은 시안의 유구한 역사와 그 문화사적인 의미를 잘 보여주고 있다. 첫째, 발굴 및 전수되어 온 문화재들이 병마용(兵馬俑), 자기, 인장(印章), 서법, 옥기, 동경(銅鏡), 청동기, 회화, 불상, 금은기물(金銀器物) 등 다양할 뿐 아니라, 시안만이 가지는 역사 배경의 특징을 심도 있게 관찰할 수 있는 분야의 문화재가 집중적으로 수록되어 있다. 각 권의 머리말에서 밝히고 있듯이 이 문화재의 일부는 시안 지역의 특징을 이루는 것들을 포함하면서 다른 일부, 예컨대 자기는 당시 전국의 물품들이 집합되어 있어 그 시기 중국 전체의 면모를 보여주기도 한다는 것이다. 둘째, 당 이후 중국 역사의 주된 무대는 강남(江南)으로 옮겨 갔다고 할 수 있는데, 이 문화재들은 시안이 여전히 역사와 문화의 중심축에서 크게 벗어나지 않고 있음을 보여준다. 문인 취향의 서법, 인장 및 자기들이 이를 말해준다고 할 수 있다. 셋째, 이 문화재들은 병마용의 경우처럼 대부분이 해당 예술사에서 주로 다루어질 수준의 것들이지만 다른 일부, 예컨대 회화 같은 경우는 그러한 수준에서 다소 벗어난 작품들로 보이기도 한다. 그러나 이 경우 이 문화재들은 해당 예술사 분야에서 대표성을 갖는 작품들이 일류 작가의 범작(凡作)들과 이류 작가의 다른 주제와 기법을 통하여 어떻게 조형적 가치와 대표성을 가질 수 있는가를 되비쳐 줌과 동시에 중국적인 조형 의식의 심층을 엿볼 수 있게 한다는 사료적 가치가 있다고 평가할 수 있다.

이러한 서안의 방대하고 의미 있는 문화재를 선명한 화상과 상세한 전문적 설명을 덧붙여 발간한 것을 한국학술정보(주)에서 한국어 번역본으로 출간, 한국의 관련 연구자와 문화 애호가들에게 시의적절하게 제공하게 된 것은 매우 다행스럽고 보람된 일이라 생각한다. 향후 이를 토대로 심도 있는 연구가 진행되고, 이웃 문화권에 대한 일반 독자들의 이해가 깊어질 수 있기를 기대하면서 감상과 섭렵을 적극적으로 추천하는 바이다.

2014년 관악산 자락에서
서울대학교 미학과 교수
박낙규

정신세계의 에베레스트 정상에 서서 주위를 둘러보면, 중국 장안(長安, 지금의 시안)은 한대(漢代)에서는 서구의 로마와 당대(唐代)에서는 이슬람제국의 수도 바그다드와 함께 세계문명의 두 중심지였음을 다시금 느끼게 된다. 21세기 들어 중국은 국제적 영향력이 커짐에 따라 세계 2위의 경제대국으로 발돋움하였다. 경제적 지위에 걸맞은 문화 토양 마련을 위해 중국 정부는 중국 공산당 17기 중앙위원회 제6차 전체회의에서 문화강국 건설을 제기한 바 있다. 동서고금을 막론하고 문화에 있어서 미술은 중요한 위치를 차지하는데 전통 회화와 서예 또한 그러하다. 이 책에는 〈청명상하도(淸明上河圖)〉나 〈부춘산거도(富春山居圖)〉 같은 국보급 문화재는 없으나 제백석(齊白石), 서비홍(徐悲鴻), 장대천(張大千) 등 대가와 장안화파(長安畵派) 석로(石魯), 조망운(趙望雲) 등이 작품 및 원·명·청 고대 화가들의 우수한 작품들이 실렸다. 서예 작품 중에서는 동기창(董其昌), 부산(傅山), 정섭(鄭燮) 등의 작품이 특히 뛰어나다.

중화민족의 요람인 황하 중하류에 위치한 시안은 지리적 중요성으로 인해 중화 부흥 프로젝트의 추진 과정에서 더욱 막중한 역할을 요구받고 있다. 시안세원회(西安世園會)는 중국 및 세계문명을 주제로 하였는데, 이 책에 수록된 서예, 회화 작품은 중국문화 부흥에 기여하게 될 것으로 믿는다.

오관중은 "문맹(文盲)은 얼마 되지 않지만, 미맹(美盲)은 헤아릴 수 없이 많다"고 말한 바 있다. 이에 관해 고궁박물원처럼 매달 한 차례씩 귀중한 회화 작품들을 전시한다면, 국내외 관람객이 작품을 감상하면서 예술을 보는 눈을 키울 수 있을 뿐만 아니라 미술 작품 또한 어두운 창고를 벗어나 신선한 공기를 만끽하는 기회가 될 것이다. 각급 정부 문화·문물 주무 부처와 뜻있는 기업가들이 시안의 문화 박람회에 관심을 가지고 후원함으로써 이 책에 수록된 회화 작품들, 특히 훼손된 작품들이 복원될 수 있기를 희망한다. 이에 대한 사회 각계각층의 관심을 바란다.

2011년 11월 12일 시안미술대학에서
백세 왕점비(汪占非)

If you stand on the vigorous Mount Everest and look into the four directions, you will unconsciously realize that when at the Western Han Dynasty, Changan, the capital of ancient China and Rome, opposing to Changan in the west, were the two civilizing poles of the world; while in the Tang Dynasty, the Capital Changan opposing to Baghdad, the Arab Empire's capital, were also two places with the most prosperous culture in the world. In 21st century, China has become the 2nd economic entity with the upgrading of her status in the world. The philosophy of constructing a cultural-oriented nation was proposed at the 6th Plenary of the 17th Session, which was a wise decision of the Party Central Committee. In the process of cultural construction, the fine arts is indispensable, specifically the Chinese traditional paintings. Though there are no invaluable paintings like *Along the River During the Ch'ing-ming Festival, Dwelling in the Fuchun Mountains*, etc. in Xian Museum, there are also a lot of works of masters such as Qi Baishi, Xu Beihong, Zhang Daqian and the works of Shi Lu, Zhao Wang Yun who belongs to Changan Painting School and other people's masterpieces. In addition, there are works of painters of the Yuan, Ming and Qing Dynasty in ancient Chinese. As for calligraphic works, Dong Qichang, Fu Shan and Zheng Xie's works are the most wonderful ones.

The city of Xian, as the cradle of Chinese nation in the middle and lower reaches of the Yellow River cannot help but play an important role in the rejuvenation of the Chinese nation. If the International World Horticultural Exposition in Xi'an demonstrated the Chinese and world civilization, Xian Museum with its paintings and calligraphy collections will play a cultural renaissance role in the event.

Mr. Wu Guanzhong said that the illiterate several, while the ignorant to fine arts countless. I expected that Xian Museum collections would be displayed to the public on the 10th of each month as the Palace Museum does. It is helpful for people home and abroad to be far from being ignorant to arts, but to share the opportunity to appreciate the works of art. And it will also be an opportunity to let the fine arts breathe the fresh air for fear of being musty hay stored in the deep silence. Here, I appeal to sectors of all levels of government in charge of cultural heritage as well as perspicacious entrepreneurs to allocate funds for Xian Museum and restore the collected paintings of Xian Museum, especially those misshapen fragmentary works, which make me distressed. I hope that the idea can come true and Xian Museum can receive great support from the public.

Century Old Man Wang Zhanfei
November 12, 2011

　精神のチョモランマに立って周りを見ると，漢時代に，長安は西方のローマと一緒に世界文明の二極であった．唐時代に，長安はアラブ帝國の首都のバグダットと一緒に世界文明の二極であった．二十一世紀，我が國の世界での地位向上に従い，我が國は第二経済体となった．十七期六中全會で文化強國の理念が提出された．これは党中央の英明な決定である．文化建設で，美術が欠かせない．具体的に言うと伝統書書が欠かせない．西安博物院の収蔵畫は，"清明上河図"や"富春山居図"のような國寶レベルの文化財がないが，斉白石，徐悲鴻，張大千など大家と長安畫派の石魯，趙望雲などの大作が少なくない．ほかに，元，明，淸時代の畫家の逸品もある．書道作品は特に董其昌，傅山，鄭燮の作品が素晴らしい．

　西安は黄河中・下流の中華民族の揺り籠の重鎮とし，中華復興の中で重要な役割を果たさなければならない．西安園芸博覧會(今回の博覧會で中國，陝西と西安は重要な役割を果たした)は中國と世界文明のことを述べたというならば，西安博物院及び書畫の収蔵品は文化で祖國復興する役割を果たすであろう．

　呉冠中は，非識字者は限りがあるが，非識美者は限りはないと語ったことがある．西安博物院が収蔵の絵畫作品を故宮博物院のように毎月十日に陳列展示できるよう望んでいる．これは國内外の観衆に，非識美者をなくし，芸術逸品を鑑賞する機會を與えると同時に，美術作品に新鮮な空気を吸わせ，カビを除去することができると思う．ここで私は，各レベルの政府の文化文物主管部門と先見の明がある企業家が西安博物院に投資し，西安博物院所蔵の絵畫作品を復舊させるよう呼び掛けている．特にあの損傷している作品を見て，本当にもったいないと思う．私の呼びかけが現実になり，社會各界が西安博物院に寄與できるようお願いする．

二〇一一年十一月十二日　西安美院　汪占非(百歳)

"그림을 심상한 일이라 말하지 마라. 소리 없는 시가 역사를 칭송한다네(莫道丹青尋常事, 無聲詩中頌春秋)." 이는 명대 사상가이자 화가이며 시인인 서위(徐渭)가 회화의 사회학적 가치를 평하여 지은 시이다. 동서고금을 막론하고 회화 작품은 사회적으로 중요한 사건을 기록하여 후세사람들이 당시 사회 변화를 이해하는 데 있어 문자 자료가 제공할 수 없는 또 다른 형태의 자료가 되어 주었다. 강소 단도(丹徒)에서 출토된 〈시궤(矢簋)〉 명문에 대한 곽말약(郭沫若)의 고증에 따르면 서주 초기 무왕(武王)과 성왕(成王)의 상(商) 정벌과 동국(東國) 순례를 벽화로 제작하였다고 한다. 『공자가어(孔子家語)·관주(觀周)』에는 다음과 같은 내용이 있다. 춘추시기 공구가 낙읍(雒邑)에 가서 서주시기 건축유물을 첨앙(瞻仰)한 적이 있었는데 공자가 명당을 둘러보니 사면의 문과 벽에는 요순의 모습도 보이고 걸주의 형상도 있는데 각기 선악의 형상과 흥폐의 감계가 있었다. 이에 공자가 이르기를 "오직 주공만이 천하에 큰 공이 있으니 그 영정(影幀)이 명당에 걸려 있다(獨周公有大勛勞于天下, 及繪像于明堂)"라 하였다. 동진시기 고개지(顧愷之)의 〈여사잠도(女史箴圖)〉는 서진시기 부녀자의 윤리도덕을 규범 지은 문학 작품인 장화(張華)의 "여사잠(女史箴)"에 근거하여 그린 작품이다. 당대(唐代) 염립본(閻立本)이 그린 〈보련도(步輦圖)〉와 〈역대제왕도(歷代帝王圖)〉는 각각 정관(貞觀) 15년(641년) 당 태종이 문성공주(文成公主)와 토번왕(吐蕃王) 송찬간포(松贊干布) 성혼 시 토번 사자 녹동찬(祿東贊)을 접견하는 장면과 양한(兩漢)시기부터 수대(隋代)까지 제왕 13명의 용모, 심리 상태, 기질과 성격 특징을 묘사하였다. 염립본은 황제의 명을 받들어 덕업을 기리기 위한 〈능연각공신도(凌煙閣功臣圖)〉를 그렸는데 이후 화원(畫院)에서는 중요한 정치사건을 기록하여 작품으로 남기는 것이 관례가 되었다.

프랑스 화가 다비드의 〈소크라테스의 죽음〉, 〈마라의 죽음〉, 들라크루아의 〈민중을 이끄는 자유의 여신〉, 콜비츠의 〈산 자와 죽은 자 - 카를 리프크네히트를 추도함〉, 안드레에프의 〈지도자 레닌〉 등 유명 미술 작품은 모두 절묘한 이미지로 역사적 사건을 기록해 후세 사람들에게 귀중한 정신적·문화적 유산을 남겨 주었다. 문자와 언어는 인간의 심리묘사에 탁월하고 회화는 이미지와 색채 표현에 유리하다. 옛사람들은 "형상을 남기는 데는 그림만한 것이 없다"고 하였는데 이는 고대에 촬영 기술이 없어 인물의 형상을 남기려면 그림에만 의존해야 했기 때문이다. 상술한 내용은 사진과 회화를 똑같이 취급하려는 의도가 아니라 회화의 조형, 묘사, 색채 등에 있어 회화의 장점을 말하려는 것이다.

중국문화와 마찬가지로 중국회화 역시 의상(意象, 주관적인 감정을 통해 외부 사물을 느낌)적이다. 중국식 의상(意象)은 서구 문화 및 회화의 구상, 추상과 상대되는 개념이나. 그러나 이러한 차이에도 불구하고 동양화와 서양화, 구상, 추상 그리고 의상은 모두 문화학적 의의가 있다. 따라서 그림은 피부색이나 문화 수준에 상관없이 모두가 즐길 수 있는 예술이다. 19세기 스페인은 알타미라 동굴에서 선사시대 동굴벽화를 발견하였고, 1940년 프랑스는 라스코에서 선사시대 동굴벽화를 발견하였다. 구소련의 한 학자는 "교육 목적의 그림이 장식 목적의 그림보다 그 역사가 더 유구하다"[『예술과 종교(藝術與宗教)』39쪽 참조]고 하였는데 이는 선사시대 사람들이 그림을 이용하여 수렵을 가르쳤음을 말해 준다. 인류발전사에서 회화라는 조형예술은 인류의 물질문명, 특히 정신문명의 건설과 발전에 있어 매우 중요한 역할을 하였으니 취미생활로 그 역할을 한정 짓는 것은 옳지 않다.

중국의 회화는 역사가 유구하고 유산이 풍부하여 세계 문화사 및 예술사에서 중요한 위치를 차지한다. 이번에 시안시문물보호고고학연구소에서 소장한 다수의 회화 작품 중에서 중요 작품을 선별하여 작품집을 출간하게 되었다. 이 작품집에는 송대부터 현대까지 유명 화가의 작품뿐만 아니라 널리 알려지지는 않았지만 역량을 갖춘 화가의 작품도 실었다. 저자가 본문에서 말한 것처럼 "세상엔 숨어 있는 이가 이름난 사람보다 나은 경우가 많다." 이는 동서고금을 막론하고 어떤 분야에서든 마찬가지다. 본 작품집에는 미술계 거장, 유명 산수화가뿐만 아니라 재야의 실력파

화가와 여류 화가의 작품까지 고루 실었다. 황빈홍(黃賓虹) 선생은 "당나라 그림은 누룩 같고, 송나라 그림은 술 같으며, 원나라 그림은 진한 술과 같다(唐畵如麯, 宋畵如酒, 元畵如醇)"고 하였다. 본 작품집에는 원대 궁정화가 유관도(劉貫道)의 〈군수희희도(群獸嬉戲圖)〉가 있는가 하면 명사대가(明四大家) 중 한 사람인 심주(沈周)의 〈산거도(山居圖)〉와 〈수촌도(水邨圖)〉(긴 두루마리)도 있다. 도판은 확실히 진적을 보는 것과는 차이가 있는데, 〈산거도〉 같은 경우 진적의 빼어난 필묵과 세세한 묘사를 도판에서는 충분히 반영하지 못해 예술적 매력이 반감되는 아쉬움이 있다. 그 원인은 첫째, 크기가 원래보다 축소되었고 둘째, 진적보다 뚜렷하지 못하기 때문이다. 진적을 직접 볼 수 없으므로 차선책으로 부득이하게 도판을 보는 것은 안타깝지만 불행 중 다행이기도 하다. 본 작품집에는 미술계 거장 대진(戴進)의 〈고사답설도(高士踏雪圖)〉와 명선종(明宣宗) 주첨기(朱瞻基)의 〈화훼도(花卉圖)〉도 있다. 주첨기의 작품에서는 궁정 원체의 풍격뿐만 아니라 개인의 풍격 또한 엿보인다. 임량(林良) 역시 명대 화조화의 거벽으로 여기선 그의 역작 〈쌍응도(雙鷹圖)〉를 실어 임량의 개인적인 면모뿐만 아니라 명대 몰골화조화의 진수 또한 엿볼 수 있다. 본 작품집에는 인문정신과 인품을 두루 갖춘 명대 산수화 대가 문징명(文徵明)의 작품과 인물화가 구영(仇英)의 작품도 실었다. 전곡(錢谷)은 문징명의 제자로, 이 책에 수록된 그의 작품 또한 문징명이나 기타 대가들 못지않다. 그의 대표작 〈죽계고사도(竹溪高士圖)〉는 이 책에서도 손꼽히는 걸작이며 긴 두루마리 형태로 심주의 〈수촌도〉와 비견될 만하다. 남영(藍瑛)은 명대 저명한 산수화가로 여기서는 〈방대치산수도(仿大癡山水圖)〉를 실었는데 원대 화가 황공망(黃公望)의 풍모를 엿볼 수 있다.

청대에 들어서면서 회화의 창의적 발전이 줄어들고 사법조화(師法造化, 스승의 화법을 좇아 자신을 화법을 만듦)가 아닌 옛것을 고수하려는 풍조가 생겼다. 청대에는 회화가 전반적으로 침체기인 가운데 몇몇 화가가 두드러지니 청대 초기 화가 사사표(査士標)의 작품은 포치가 자연스럽고 시원하며 용필(用筆)이 청신해 비록 그림이지만 그 풍광이 아름다워 사람들로 하여금 가보고 싶고 노닐고 싶으며 머물고 싶게 만드는 경지에 이르렀다. 이 책에는 독자가 만족할 만한 화조화가 변수민(邊壽民)의 작품 〈노화고안도(蘆花孤雁圖)〉가 실려 있고, 양주팔괴 중 한 사람인 황신(黃愼)의 〈동파완연도(東坡玩硯圖)〉(부채)도 있는데 이 그림은 비록 부채에 그려 크기는 작지만 일반적인 '황화(黃畵)'와는 전혀 다르다. 또한 냉매(冷枚)의 〈서민채화승상도(西民採花乘象圖)〉는 익살스러운 느낌을 주는 그림이다. 주지하듯이 정판교(鄭板橋)는 청관(淸官, 청렴한 관리) 화가로 대나무 그림의 고수인데 이곳에 실린 작품 두 점에서 독자들은 그만의 독특한 대나무와 난을 볼 수 있을 것이다. 역대 황족 가운데는 그림의 고수들이 적지 않은데 여기서는 강희(康熙)황제의 12번째 아들 윤희(允禧)의 〈계수독서도(溪水讀書圖)〉를 실었다. 또 섬서 삼원(三原) 사람으로 강희 52년(1713년) 진사(進士)가 되고, 강서 패창도(覇昌道) 도대(道臺)를 지낸 온의(溫儀)의 〈송림고은도(松林高隱圖)〉도 실었는데 이 그림은 청나라 초기 '사왕(四王)'과 같은 화풍이면서도 진지(秦地, 옛 진나라 지역 - 현재 섬서) 사람의 질박하고 돈후한 면이 있다. 서냉팔가(西冷八家) 전각가인 해강(奚岡)의 〈계산소추도(溪山素秋圖)〉도 있다. 역사적으로 서예와 그림 및 인장 중 한 분야의 전문가이면서 다른 분야에도 능한 이가 적지 않았다. 해강의 작품은 본래부터 전해지는 것이 많지 않은데 섬서성엔 더 적으며 본 연구소에서 소장한 작품 또한 제한적이므로, 책에 실린 작품이 독자에게 새로운 느낌을 전해 주리라 기대한다. 청 말 화가 개기(改琦), 비단욱(費丹旭), 비이경(費以耕) 세 사람의 작품을 통해서는 청대 인물화의 심미관습을 엿볼 수 있을 것이다. 한편 작자 미상인 작품도 있는데 숨어 있는 이가 이름난 사람보다 반드시 못한 것은 아니며 이는 동서고금이 모두 같다. 특히 명ㆍ청부터 현재까지가 더욱 그러하다. 그 밖에 청대 화가 호공수(胡公壽), 포화(蒲華), 전혜안(錢慧安), 원강(袁江), 장진(張振), 오석선(嗚石仙)과 해파(海派) 임백년(任伯年), 예전(倪田)의 작품도 실었다. 또 섬서 출신인 송백로(宋伯魯)의 작품 외에 현대 화가 황빈홍(黃賓虹), 제백석(齊白石), 장대천(張大千), 부유(溥儒), 서비홍(徐悲鴻), 우조(于照), 유해속(劉海粟), 엽방초(葉訪樵), 황군벽(黃君璧), 장서기(張書旂), 여웅재(黎雄才) 등의 작품도 실었다. 이들의 작품은 지면 관계로 일일이 소개하지 않겠다. 본 작품집은 특별히 중화민국 북경 정부의 군벌 중 최고 거두였던 오패부(嗚佩孚)의 〈묵죽도(墨竹圖)〉를 싣고 개인 이력을 자세히 소개하였는데, 이는 그림 자체의 가치 외에도 작가가 만년에 일제에 맞서 민족의 절개를 지켰기 때문이다. 수록 작품의 수가 가장 많은 화가는 장대천(張大千)과 조망운(趙望雲)으로 각각 여섯 점이 실려 있다. 장대천은 대가의 반열에 올랐고 조망운 또한 저명한 예술가이며, 두 사람 모두 진지(秦地) 화단의 대표로 소장된 작품이 적지 않아 독자들에게 비교적 많은 작품을 선보일 수 있었다.

본 작품집은 2005년 늦은 봄부터 준비를 시작하였는데 이미 계절이 여러 번 바뀌었다. 그동안 침식을 잊어 가며 학술 관점의 문제를 해결하는 등 이 책의 출간을 위해 많은 이들이 수고로움을 마다하지 않았다. 책을 만드는 기쁨과 괴로움은 오직 만든 사람만이 알 것이다. 현대는 과학기술을 중시하고 인문정신을 경시하며, 경제효율을 중시하고 사회이익을 경시하며, 속도를 중시하고 질을 경시하며, 형식을 중시하고 내용을 경시하는 시대이므로 독자와 역사에 앞에 책임지는 자세로 양질의 책을 펴낸다는 것이 말처럼 쉽지 않다. 다행히 시안시 문물국, 시안시문물보호고고학연구소 각급 지도자, 각 부처 동인들의 지지와 격려로 이『中國 西安의 문화유산(원제: 시안문물정화)_회화』가 세상에 나오게 되었다. 시간이 촉박하고 재능과 학문이 부족하니 오류가 있다면 독자들의 아낌없는 조언을 부탁드린다.

2006년 11월 3일 저녁
장안대학 청등당(青燈堂)에서
편집인

"Never think the painting is a common thing, for the history can be seen in the soundless poems of the painting." This is a sentence quoted from the poem which comments the sociological values of the painting wrote by Xuwei, a thinker, painter and poet of the Ming Dynasty. By surveying through the ancient and modern, Chinese and foreign paintings, you will find out that many of them reflect the significant social events of the time, which contain materials and information that cannot be read from languages and words, such as social revolutions, transformations, reforms, progresses, retrogressions, etc. of a certain time and location, providing evidences for the later generations to comprehend and investigate. According to the investigation on the inscription unearthed in Dantu of the Jiangsu Province by Guo Moruo, in the early years of the Western Zhou Dynasty there once were mural paintings of "the Emperor Wu and Emperor Cheng crusaded against Shangtu and toured and inspected the eastern countries". It is recorded in the *Sayings of Confucius and His Disciples--- Visiting Historical Remains of Zhou Dynasty* that Confucius who lived in the Spring and Autumn Period once came to the Luo City for viewing the architectural relicts of the Western Zhou Dynasty with reverence. "Confucius moved his eyesight across the courtyard and on the lattice windows of the four doors he saw paintings of Yao and Shun(the ancient sages) and of the Emperor Jie and Emperor Zhou from which the virtue and wickedness of characters as well as the prosperity and decay of a country can be seen vividly." Confucius said "Only Duke Zhou was painted in the courtyard for his great merits and contributions to the country." The *Paintings of Historical Virtuous Women*, the works of Gu kaizhi in the Eastern Jin Dynasty, were created from the book of the *Historical Virtuous Women*, written by Zhanghua in the Western Jin Dynasty, a literary work concerning regulating the moral principles and virtues of women. The painting of the Emperor's Carriage and the painting of the Successive Emperors drew by Yan liben of the Tang Dynasty respectively depicts the scene that the Emperor Tang Taizong is receiving Lu Dongzan, the diplomatic envoy from the ancient Tibet, for escorting the bride, Prince Wencheng to the Ancient Tibet to get married with Songzanganbu, the King of the ancient Tibet in the 15th year of the Zhenguan Period and the appearances, mentalities, temperaments and characteristics of the thirteen successive emperors from the Han Dynasty to the Sui Dynasty. Yan Liben was also summoned by the emperor to create the Paintings of the Meritorious Ministers in the Lingyan Pavilion for "promoting their outstanding achievements". In the following dynasties, it's common to see painting works recording political events in the ancient painting institutes.

French painter David's *The Death of Socrates* and *The Death of Marat*, Delacroix's The Liberty Guides the People, Kollwitz's Condolence on Liebknecht, Andreev's Linen's Portrait, etc. These well-known works of fine arts all employ images to reflect significant historical events and hand the precious spiritual and cultural wealth down for posterity. Words and languages are fit for depicting psychological activities, while the painting is fit for representing images and colors. Therefore, it was said by the ancient people: "Nothing is more suitable for preserving an image than the painting." In the ancient times, there existed no photography, so the preservation of a person's figure fully relied on the painting. Mentioning this is not to confuse the photography with the painting, but to emphasize the strong points of the painting in shaping, depicting and coloring.

The Chinese culture is imagery, so is the Chinese painting. The Chinese imagery is in contrast with the concretization and the abstraction of the western culture and painting. However, no matter its western painting or eastern painting, or no matter its concretization, abstraction or imagery, they both possess the nature of culturological significance. Therefore, the painting is a sort of artistic form that can be appreciated by every person; no matter he/she is black, white, yellow or brown in color and no matter he/she has a high or low level of education. In the 19th Century, the prehistoric mural paintings were discovered in the Altamina Cave of Spain and in 1904 the prehistoric mural paintings were also discovered in Lascaus of France. A scholar of the Soviet Union once said: "Reporting paintings are more ancient than decorative paintings."(See Page 39 of *Arts and Religions*) This demonstrates that in the prehistoric times, the ancients had utilized paintings to direct hunting. In the human beings' development history, the painting--- the plastic art has played an irreplaceable role in the construction and improvement of the mankind's physical and spiritual civilizations, whose significance cannot be covered with the ordinary meaning of painting.

The Chinese painting is of long standing and well established with plenty of legacies, occupying a glorious position in the world's cultural and artistic histories. Since the painting works collected by the Xi'an Museum are very rich, I have to select the major works to publish. In this Collection, painting works of the well-known painters from the Song Dynasty to the modern times are incorporated as well as that of the painters with high-level of painting skills but with less reputation. Just as what the writer says in the text: "Although the painting history is for thousands of years, the paintings of the anonymous painters might be better than that of the well-known painters." This is a common phenomenon in various industries and in the ancient and modern times, both domestically and abroad, without exception. In this Collection, the famous masters of mountains and rivers are incorporated as well as the capable painters with less reputation and the female painters. Mr. Huang Binhong once said: "Paintings of the Tang Dynasty are like hard wines, paintings of the Song Dynasty are like common wines, and paintings of the Yuan Dynasty are like mellow wines." In the Collection, there is the *Wild Animals at Play* by Liu Guandao, the master royal painter of the Yuan Dynasty, *Living in the Mountains* and the representative work of the *Water Village* by Shenzhou, one of the top four painters of the Ming Dynasty. Reading the printed products cannot be exactly the same with appreciating the original works, for there are many wonderful strokes and details of the paintings in the original works that cannot be presented in the printed products. Thus the artistic charm of the *Huts in the Mountain Painting* is weakened in the printed product. For one thing, it is shrunk in scale, for another it's not as distinct as the original work. Truly, we cannot read the original works. Looking for the second solution, we have to read the printed products. It's both a regrettable and joyful thing. In the Collection, we also include the *Scholar Treading on Snow* by the star of the painting circle--- Daijin and the *Flowers Painting* by the emperor of the Xuanzong Period of the Ming Dynasty--- Zhu Zhanji. In the *Painting of Flower-and-Plant*, the royal style can be felt as well as Zhu Zhanji's personal characteristics. Lin Liang is also a giant in the flower and bird painting circle of the Ming Dynasty. In the Collection, his great work of *Two Hawks* is selected, which helps us to feel Lin Liang's personal style as well as the stylish standards of drawing flowers and birds without bones in them of the Ming Dynasty. What is also incorporated is the works of Wen Zhengming, the great master of the mountain and river painting of the Ming Dynastic with the human spirits and personality charms. Moreover, the works of the figure painter--- Chou Ying are also included. Qian Gu--- Wen Zhengming's brilliant disciple, his works in the Collection are not inferior to his respected teacher Wen Zhengming and other masters. His representative work--- *Hermit in a Stream with Bamboo Along* is one of the features of the Collection and is also one of his masterpieces. It's a long scroll, which is comparable with Shenzhou's long scroll--- *Water Village*. In the Collection, we also select the famous landscape painter of the Ming Dynasty--- *Landscape after Huang Gungwang*, from which we can sense the style of Huang Gung-wang of the Ming Dynasty.

In the Qing Dynasty, the innovative momentum of the painting was getting weaker. Imitating the ancient works prevailed over the innovation. Although the whole situation of the Qing Dynasty was in declining tendency, we also have elite painters, such as Zha Shibiao of the early Qing Dynasty, whose works' picture composition is natural and clear and his strokes are pure and fresh. They are both pictures and landscapes, which reach the level of reading, touring and living in his works. In the Collection we also select the flower and bird painter--- Bian Shoumin's *Reeds and Lonely Wild Geese*, which is a pleasant work for the readers. Meanwhile, one of the Eight Eccentrics of Yangzhou--- Huang Shen's *Scholar Su Examining the Inkstone* is included. Although it's in a fan leaf, it's totally different from the commonly seen "Huang's paintings". Readers can also read the painter Leng Mei's *Riding an Elephant and Plucking Flowers* which makes you cannot help laughing. Zheng Banqiao is a household-known master of bamboo painting in the Qing Palace. In the Collection, we choose two works of Zheng Xie. Readers will appreciate the elegant demeanor of Zheng Zhu and Zheng Lan. It's not uncommon to find out master painters from the royal families throughout the history. In the Collection, the twelfth son of the Emperor Kang Xi--- Yun Xi's *Reading by a Stream* is incorporated also. The *Living in Seclusion in A Pine Forest* by Wen Yi, who was the former third degree candidate in the national civil service examination of the Kang Xi's reign from the Sanyuan of the Shanxi Province and once became the official of the Bachangdao of the Jiangxi Province. Wen's paintings follow after the "Four Wangs" of the early Qing Dynasty, but he also has the natural and powerful features of the people in the Qin Region. In the Collection, we also select and compile the *Autumn in the Mountains by a Stream* by one of the Eight Seal Caving Masters--- Xigang. Throughout the Chinese history, there were many people who were multi-capable at calligraphy, painting and seal carving, the so-called inter-disciplinary talents. Few of the works of the seal carving master Xigang can be seen, especially fewer in the Shanxi Province. The works of Xigang collected by institutes are even fewer. Therefore, Xigang's work can make you feel fresh and new. In the Collection, the works of Gaiqi, Fei Danxu and Fei yigeng of the late Qing Dynasty are also selected and compiled, which help the readers to see the esthetic practice of the figure painting in the early Qing Dynasty. Besides, anonymous works are also included; because the compiler believes that the works of the anonymity may not necessarily poorer than the well-known painters, which has been approved throughout the Chinese and foreign histories, especially from Ming and Qing Dynasty to today. Moreover, Hu Gongshou, Pu Hua, Qian Hui'an, Yuan Jiang, Zhang Zhen, Wu Shishan's works and the Qiao Chu, Ren Bonian and Ni Tian's works of the Shanghai style are also included. Meanwhile, the works of Song Bolu, the local painter of the Shanxi Province and the famous esquire, are selected in the Collection. For the modern section, we select the works of Huang Binhong, Qi baishi, Zhang Daqian, Fu Ru, Xu Beihong, Yu Zhao, Liu Haisu, Ye Fangqiao, Huang Junbi, Li Xiongcai, etc. Because they are recent works, the compiler does not talk more about it. The *Ink Bamboo* by Wu peifu, the Beiyang Warlord, is especially selected with key introduction of it. Because he resisted the temptation from the Japanese invaders and insisted on the national integrity in his old age, at the same time, his painting is also worth appreciating. We include six paintings by Zhang Daqian and by Zhao Wangyun respectively, the most in number. Because Zhang Daqian is a master-level artist and Zhao Wangyun is a famous artist and one of the figures of the Qin Region and he has a rich stock of his works. Therefore, we choose six works of each of them to provide to the readers.

Starting from turn of the spring and the summer of 2005, many colleges have made unremitting efforts on compiling this Collection through the discussion and integration of our academic points of view for several years. The sweetness and bitterness in compiling this Collection can only be tasted by us compilers. Nowadays, it's the times that attach more attention to science and technology, economical benefits, speed and form but less attention to humanistic spirits, social benefits, quality and content. It's not so easy to publish a good book that is responsible for the readers and the history. Fortunately, with the support and encouragement given by the colleagues and leaders from all departments of Xi'an Cultural Relics Bureau, *The Quintessence of Xi'an Cultural Relics -Painting* can be presented to the public. Due to the tight time and little talent and learning, mistakes in the Collection are unavoidable. The readers please feel free to grant instructions.

Night of the 3rd of November of 2006
In the Blue-green Hall of the Chang'an University

"丹青を等閑にするなかれ，無声の詩に春秋が唄われ"これは明時代の思想家であり，畫家であり，詩人でもあった徐渭によって作られた絵畫の社會學価値を評価した詩作一首であった．古今東西の絵畫作品の中で，たくさんの作品が当時の重大な社會事件を反映し，当時その場所であった社會革命・変革・改良・進歩・後退などについて勉強し研究する後代の人たちに，言語文字では語れない資料と物語をくれた．江蘇丹徒から出土した〈矢毁〉という銘文に対する郭沫若の考証と解釈によれば，西周時代の初期に"武王・成王の商（シャン）征伐図及び巡省東國図"という壁畫創作があった．『孔子家語・観周』の記載によると，春秋時代に生きてた孔丘が雒邑に西周の建築遺物を見物に行ったことがあり，"孔子は明堂を見つめ，四つの門と窓を眺め，尭舜の容貌があれば，桀紂の形もあった，それぞれに善悪の様相，興亡の戒めが漂った"；また曰く"ただ周公だけに天下に奉仕した偉大な功労があり，ゆえに像を明堂に畫かれた"．東晋の顧愷之の〈女史箴図〉は西晋の張華によって書かれた「女史箴」-婦女の倫理道徳を規範する文學作品に基づき畫かれた美術作品であった．唐代の閻立本の創作である〈歩輦図〉・〈歴代帝王図〉はそれぞれに貞観十五年（641年）唐太宗が文成王女を吐蕃王の松賛干布に嫁がせる時に，吐蕃からの使者の禄東賛を接見する情景と両漢から隋代まで，十三人の帝王の体つき・心境・気質及び性格特徴を畫いたものであった．閻立本はまた詔を受け〈凌煙閣功臣図〉を創作した．以後，各王朝の畫院が重大政治事件を記録した作品がしばしば見られ珍しくもなかった．

フランス人畫家のデイビッドの〈ソクラテスの死〉・〈マラの死〉，ドラクロワの〈民衆を導く自由の女神〉，コルヴィッツの〈カール・リープクネヒト追憶像〉，アンドレーエフの〈レーニンの肖像〉などといった有名な美術作品，いずれも精妙に図像で重大な歴史事件を反映し，後世に貴重で精神的な文化財産を残した．文字，言語は内面の世界での様々な活動を描くことに長け，絵畫の方はイメージや色の表現に長ける．古人曰く"形の保存は図に限る"．古代に撮影の技術がなく，人の姿を保存する方法は絵畫しかなかった．このことを言うのは撮影と絵畫とを混同するためでなく，造型・物描き・色などにある絵畫の長所を語っておる．

中國の文化も意象であり，中國の絵畫も意象である．中國の意象は西洋文化と絵畫の具象・抽象の相対であるが，東西の絵畫といい，具象・抽象或いは意象といい，いずれにも文化學意義の品格がある．ゆえに絵畫というものは，肌の色が黒いとか白いとか黄色い褐色とかにかかわりなく，文化レベルが高いといい，深いといい，低いといい，淺はかといいそんなことにも関係なく，どんな人間でも鑑賞できる芸術形式である．十九世紀にスペインのアルタミラ洞窟に先史壁畫が発見されたから，一九四〇年にフランスのラスコーにも先史時代の洞窟壁畫が発見された．舊ソビエトの學者B・Y・シェアース・トビトルフーがこう言った"報道するための図書は装飾の図書より古い"（『芸術と宗教』の第39ページを参照する）．これはつまり，先史時代では先祖たちが美術の形で人々に狩猟などのことを指導しておった．人類歴史の中で，絵畫~という造型芸術は人類の物質文明，特に精神文明の建設と促進にかけがえのない役割を果たした．

中華絵畫の歴史は長く，遺産も豊かである．世界文化史においても芸術史においても輝かしい地位を持っておった．西安市文物保護考古所に収蔵されておる絵畫作品の数は極めて多いので，この際に，重要な作品を選び集め，出版することになった．本集には，宋代から現代まで，有名な畫家の作品が収録されており，また，あまり世間に知られず，が，高いレベルを持つ畫家の作品も収録されておる．作者が本文で言ったように"歴史がどれだけ長くても，世の中で名も無きものは有名に勝る"．このような現象は古

今東西，いかなる業界でも存在する．本集に収録された作品の作者の中では，絵畫界のレジェンドもいれば，有名な山水畫家や無名の実力派畫家・麗しい女性の畫家もいる．黄賓虹先生が言ってた"唐畫は曲が如し，宋畫は清酒が如し，元畫は濃い酒が如し"．本集には元代の宮廷丹青名手である劉貫道の〈群獣嬉戯図〉が収録された．また，明四家の首席で絵畫界の伝説である沈周（沈啓南）の傑作〈山居図〉と代表作〈水邨図〉スクロールも収録された．印刷品と原作とは，鑑賞する時の見心地が違い，原作には驚かされるほどの筆触と細部がたくさんありながら，印刷品になると〈山居図〉の芸術の魅力が弱まった，その原因の一は縮小されたこと，原因の二は原作ほどクリアでないことであった．確かに，原作を見ることができず，次ぐものを求め，印刷品を見るのがやむを得ぬことだが，それも残念でありながら，喜ぶべきごとであった．絵畫界のレジェンドである戴進の〈高士踏雪図〉が本集にも収録され，明代宣宗皇帝の朱瞻基の〈花卉図〉も収録，この図には宮廷院体の風格もあれば，朱瞻基の個人的な特色もある．林良，明代もう一人の花鳥畫界の重鎮であり，林良の傑作である〈雙鷹図〉の収録で，林良個人の顔つきと没骨花鳥の模範が見せられた．明代の人文精神と人格魅力を持つ山水畫大家の文徴明の作品も選ばれ収録された．銭谷－文徴明の高弟である，本集に収録した彼の作品は恩師の文徴明やほかの大家よりいささかの見劣りもしなかった．本集は彼の代表作〈竹渓高士図〉を選んだ，この図は本畫集のハイライトの一つであり，銭氏の傑作と呼ばれておる．〈竹渓高士図〉はスクロールであり，沈周のスクロール－〈水邨図〉と共に輝けるわけである．藍瑛，明代著名な山水畫家である，彼の〈倣大痴山水畫〉も収録され，藍瑛の作品から，元代黄公望の風貌が見られる．

　清代になると，絵畫革新の勢いがますます鈍くなり，自然を師とすることより仕來りに従うのみが流行っておった．清代で全体の形勢が出たとはいえ，立派な者も少なくない，例えば，清初の畫家である査士標，彼の作品は構図が疎らで自然，運筆が清新，図畫でありながら風景でもある，その絵が見せられ，その絵に遊べ，その絵に居られるほどの境界に達したのである．花鳥畫家である辺壽民の〈蘆花孤雁図〉も本集に収録され，これも読者を満足させる作品である．揚州八怪の一人である黄慎の逸品の〈蘇學士斟句図〉も収録，小さな扇の面の形だが，よく見られる'黄畫'とは異なっておる．読者がこの畫集で見る者が笑えずにいられぬ，畫家冷枚の〈西民採花乗象図〉も見られる．鄭板橋は誰でも知っている清官畫家で竹を畫く達人であった．鄭燮の作品は二枚収録された．読者は本畫集で墨竹，鄭蘭の風采が見られる．どの時代でも皇族には丹青の達人が少なくない，本集に収録されたのは康熙皇帝の十二皇子であった允禑の〈渓山読書図〉があり，江西覇昌道道台溫儀の〈松林高隠図〉があり，溫畫は清初四王の手法に属した．西冷八人の篆刻家の一人であった奚岡の〈渓山素秋図〉も収録，歴史の中では沢山の人が一専多能で，言い換えれば総合型人材である，篆刻家である奚岡の作品が稀に見られ，陝西ではもっと少なく，院藏の奚岡の作品はなおさらなので，本畫集に収録した彼の作品は読者に新鮮に感じさせられよう．張琦・費丹旭・費以耕，この三人の清末畫家の作品も収録され，読者は本集で清初人物畫の審美習慣が知られる．また匿名の者の作品も収録した，匿名者が著名な者に劣るとは限らぬ，この現象がどこでも珍しくも無く，とくに明清から今となる間はなおさらであると，編者はそう思った．さらに，清代の胡公壽・蒲華・銭慧安・袁江・張振・呉石仙，上海派の喬楚・任伯年及び上海派メンバーの倪田，この畫家たちの作品も収録された．陝西本土の畫家で，著名紳士の宋伯魯の作品も収録，本畫集の現代部分に収録した作品は斉白石・張大千・溥儒・徐悲鴻・劉海栗・葉訪樵・黄君璧・黎雄才などの畫家の作品である．このような作品は時間が卑近なので，ここでの贅言を要せぬ．本畫集には特別に北洋直系軍閥である呉佩孚の〈墨竹図〉を収録，重点的

に紹介した，これは彼の丹青に鑑賞する値がある他に，晩年に入った彼が日本侵略者に誘惑されず，民族の気骨を守り通したためである．本畫集で収録した作品の数の一番多い畫家は，張大千と趙望雲で，それぞれ六枚であった．張大千はマエストロの芸術家であり，趙望雲は著名な芸術で，秦地絵畫界の領袖の一人であった，所蔵された彼らの作品が多かったため，それぞれの作品を六枚収録，読者を振舞わせていたたく．本畫集は二〇〇五年春と夏の変わり目に編集し始め，季節の移り変わり，沢山の同志たちの絶え間ない努力，學術の観点についての検討……などを経て，中の苦楽は編者たち自身のみが味わい，楽しめるだろう．今の時代は科學技術が重視され，人文精神が軽視され，経済的利益が重く見られ，社會的利益が軽く見られ，速度を重要に，質量を無視，形式に流れて内容に乏しい，このような時代で高品質で，読者に対して責任を持つ図書を作ることがまことに手軽なことではあるまい，幸いなことに西安市文物局，西安市文物保護考古所の各級の指導幹部と各部門の同僚が支えてくれた御蔭で，この『西安文物精華・絵畫』は世に問えた．時間がきつく，學識の淺いため，間違いを犯すのは免れ難いことなので，読者の皆様のご指導 よろしくお願いいたします．

二〇〇六年十一月三日 夜 長安大學青灯堂より

001

유관도(劉貫道) 〈군수희희도(群獸嬉戲圖)〉

원(元) | 권(卷) | 비단 | 세로 42cm 가로 538cm

Wild Animals at Play

By Liu Guan-dao | Yuan Dynasty | Hand scroll | Silk | 42cm×538cm

　유관도는 원대(元代) 화가로 자는 중현(仲賢)이며 중산[中山, 현 하북성 정주(定州)] 사람이다. 지원(至元) 16년 진금태자(眞金太子)를 위해 초상화를 그리면서 원세조 쿠빌라이의 신임을 받아 어의국사(御衣局使)로 임명되었으며 궁정회화의 고수이다. 도석, 인물, 산수, 꽃과 대나무, 새와 짐승을 그리는 데 능하였으며 도석·인물화는 진(晉)·당(唐)기법을, 산수화는 북송 곽희(郭熙)의 기법을 따랐다. 꽃과 대나무, 새와 짐승을 그리는 데도 역시 옛사람들의 장점을 취하였다. 붓놀림이 간결하고 힘차며 조형이 정확하고 형상에 생동감이 있고 역동적이어서 송대 원체화(院體畫)의 유풍이 있다. 『도회보감(圖繪寶鑒)』에서는 그의 그림을 "일일이 옛 법을 따르고, 여러 대가의 장점을 집대성하니, 동시대 사람들보다 뛰어나다(一一師古, 集諸家長, 尤高出時輩)"고 하였다.

　유관도의 서명이 있는 이 그림은 산천초목에서 뛰노는 여러 동물들을 묘사한 것으로 대자연의 조화와 의취를 보여준다. 두루마리 형태의 이 그림은 산점식(散点式) 구도로 시선의 이동에 따라 서로 다른 여러 정경이 눈앞에 하나하나 펼쳐진다. 두루마리를 펼치면 숲속 바위 사이에서 즐겁게 뛰노는 쥐와 흰 토끼들이 그려져 있다. 그림에서 가장 흥미로운 부분은 중간 부분으로 콸콸 흐르는 시냇물, 우뚝 솟은 개울가 암석과 용틀임한 고목이 있으며 또 생생하고 과장된 표정의 두 짐승이 서로 껴안고 노는 모습도 있는데 짜임새가 좋고 섬세하기까지 하다. 산석(山石)에 대한 묘사는 준법(皴法)을 사용함으로써 치밀하고 질서 정연하여 송인(宋人)의 운치가 엿보인다. 그림은 붓놀림이 간결하고 힘차며 조형이 정확하여 보는 맛과 흥취를 더해 주었을 뿐만 아니라 전적으로 필치가 통일되고 실제적이면서 세부묘사에 얽매이지 않아 수작이라 할 만하다.

하창(夏昶) 〈죽석도(竹石圖)〉

명 | 축(軸) | 비단 | 세로 130cm 가로 68.5cm

Bamboos and Rocks

By Xia Chang | Ming Dynasty | Hanging scroll | Silk | 130cm×68.5cm

하창(1388~1470년), 처음엔 주씨였으나 후에 복성(復姓, 원래 성을 되찾음)하였다. 자는 중소(仲昭), 호는 자재거사(自在居士) 혹은 옥봉(玉峰)으로 곤산(昆山, 현재 강소에 속함) 사람이다. 영락(永樂) 13년에 진사가 되었으며 관직은 태상사경(太常寺卿)에 이르렀다. 묵죽(墨竹)에 능하며 왕불(王紱)에게서 배웠으나 좀 더 발전하여 당시 천하제일로 역외까지 명성을 떨쳐 "하경의 대나무 그림 하나가 서량에서는 금 10정(錠)에 달한다(夏卿一个竹, 西凉十錠金)"란 칭찬까지 들었다.

대나무는 중국 고대 화가들이 가장 즐겨 그리던 회화 제재로 곧고, 마디가 있으며, 추위를 견디고 시들지 않는 특성으로 인해 정신세계의 반영과 인격의 상징으로 간주되었다. 중국 고대 회화사를 볼 때, 대나무를 잘 그리는 화가는 이루 다 헤아릴 수 없다. 그중에서도 만만찮은 공력과 창의성을 지녔던 하중소는 대나무를 그림에 있어 대ㆍ마디ㆍ잎의 형태를 정확하게 파악하고 법도를 엄격히 따랐으며, 붓놀림이 세밀하고 포치가 자연스럽고 합리적이며 성김과 조밀함을 적절히 표현하였다. 화법이 힘 있고 수려하니 잎과 가지들이 힘차고 마치 산들바람에 춤추는 듯한데 이는 대나무의 품격과 맞물려 더욱 빛난다.

대진(戴進) 〈고사답설도(高士踏雪圖)〉

명 | 축(軸) | 비단 | 세로 140cm 가로 87.5cm

Scholar Treading on Snow

By Dai Jin | Ming Dynasty | Hanging scroll | Silk | 140cm×87.5cm

　　대진(1388~1462년), 명대(明代) 화가로서 자는 문진(文進), 호는 정암(靜庵) 혹은 옥천산인(玉泉山人), 전당(錢塘, 현재 절강 항주) 사람이다. 어려서부터 엽징(葉澄)을 스승으로 모시고 그림을 배웠다. 영락(永樂) 말년, 부친 경상(景祥)을 따라 경사로 갔다가 다시 고향에 돌아왔다. 선덕연간(宣德, 1426~1435년)에 이미 이름이 널리 알려진 그는 입궁하여 사환(謝環), 이재(李在), 석예(石銳), 주문정(周文靖) 등과 함께 인지전(仁智殿)에서 봉직하였다. 전하는 바에 따르면, 대진이 〈추강독조도(秋江獨釣圖)〉에서 붉은 두루마기를 입은 사람이 물가에서 낚시하는 모습을 그렸는데 그의 재능을 질투한 사환(謝環)이 '체통을 지키지 않는 일'이라고 참소하여 궁에서 쫓겨났다고 한다. 산수화는 마원(馬遠), 하규(夏圭)를 사숙하고 곽희(郭熙), 이당(李唐)의 기법을 취하니 웅건하면서도 먹빛이 뛰어나며, 인물화는 잠두서미묘(蠶頭鼠尾描)를 많이 사용하고 불상화(佛像畵)는 철선묘(鐵線描), 난엽묘(蘭葉描)를 많이 사용하니 붓질의 멈춤과 변화에 힘이 있었다. 길짐승, 날짐승, 꽃과 열매를 그림에 있어 정교하고 섬세하였으며 포도도 즐겨 그렸는데 대나무와 해조초(蟹爪草)까지 더하여 그리면 이 또한 특별한 정취가 있었다. 낭영(郎瑛)은『칠수유고(七修類稿)』에서 "기예가 뛰어나나 팔지를 않으니 되레 경쟁자들의 시기를 사 가난한 여정에서 졸사했네(藝精而不售, 輾轉爲競藝者所忌, 猝死窮途)"라고 애석해했다. 왕세정(王世貞) 또한 "생전에 그림을 그려서는 끼니 한번 제대로 챙겨 먹지 못했다(生前作畵, 不能買一飽)"고 평하였다. 그의 화풍은 명대 중엽에 그 영향이 컸으며 후세사람은 그를 '절파(浙派)' 창시자로 추앙하였다.

　　〈고사답설도(高士踏雪圖)〉는 대진의 작품으로 전해진다. 이 그림은 전형적인 명대 회화로 구륵법(勾勒法), 홍염법(烘染法)을 많이 사용하고 준법(皴法)을 적게 사용하였다. 그림 속에는 늙은 주인과 어린 노복이 눈 덮인 산길을 걷고 있는데 생각에 잠긴 듯한 주인과 책을 메고 가는 노복을 통해 은거하는 선비의 모습을 표현하였다. 이로부터 봉건사회 지식인들이 산림에서 은거하는 생활을 흠모하였음을 알 수 있는데 명·청 시기에는 이것이 하나의 사회풍조였다. 물론 작가 자신의 인생경험에서 비롯된 것이겠지만 시대 상황에 기인한 바가 더욱 크니, 즉 존재가 의식을 결정하는 것이다. 명태조 주원장(朱元璋)은 잔혹한 형벌을 동원하여 무고한 사람을 마구잡이로 학살한 황제로 역사에 기록되었다. 명 홍무(洪武) 13년 주원장은 재상 호유용(胡惟庸)을 처형한 후 재상의 지위를 더 이상 두지 않고 황제 자신이 육부를 통솔하고 대도독부를 폐지하고 전후좌우 그리고 중앙 다섯 도독부를 두어 군사권력을 다섯 장군에게로 분산하였고 동시에 동·서창(東·西廠) 및 금의위(錦衣衛)를 설립하였다. 이때부터 형벌이 마구잡이로 시행되었으니 명대는 중국 제일의 암흑기로 이 같은 시대 상황은 문학예술에도 자연히 영향을 미쳤으며 회화 또한 예외가 아니었다.

대진(戴進) 〈계산유춘도(溪山游春圖)〉

명 | 축(軸) | 비단 | 세로 135cm 가로 38cm

Going on a Spring Outing in the Mountains by a Stream

By Dai Jin | Ming Dynasty | Hanging scroll | Silk | 135cm×38cm

---

이 작품은 전통적인 삼단식 구도로 운무와 수면은 여백으로 처리하였다. 대진의 작품을 종합하여 볼 때 화가는 촉촉한 묵운(墨暈)과 힘찬 대부벽준법(大斧劈皴法)으로 산석을 표현하는 데 능하였다. 이 작품은 깎아지른 듯한 바위와 높이 솟은 봉우리를 절반밖에 취하지 않았지만 여전히 커다란 바위가 하늘을 찌르는 듯한 기세를 엿볼 수 있다. 산은 높고 길은 밀지만 일사(逸士)들이 산에 올라 노래 부르며 봄을 즐기는 흥취를 막지는 못한다. 강 양쪽의 짙은 복숭아꽃 향기와 이른 봄의 냄새가 그윽한 가운데 물 위 작은 다리에서는 주인과 노복 4명이 웃는 얼굴로 이야기꽃을 피우고 있는 모습에서 생동감이 느껴진다. 그림 속 인물은 조형이 정확하고 선은 정두서미묘(釘頭鼠尾描)법을 이용하였으며 운필(運筆)이 강렬하고 분명하니 남송 마원(馬遠)과 하규(夏珪)의 화풍이 있다. 옅은 산안개 속 푸르고 무성한 초목 사이 보일 듯 말 듯한 중경의 정자와 누대는 우뚝하고 수려하며 처마는 높이 들렸는데 이는 대진이 즐겨 사용했던 표현이다. 이 작품은 마원(馬遠)과 하규(夏圭)의 전통을 따른 것으로 필묵의 층차가 풍부한 걸작이다.

주첨기(朱瞻基) 〈명선종어필화훼도(明宣宗御筆花卉圖)〉

명 | 권(卷) | 비단 | 세로 28.5cm 가로 349cm

주첨기(1399~1433년), 명인종(明仁宗)의 적장자로 연호는 선덕(宣德)이고, 시호는 선종(宣宗)이다.

이 그림은 명선종(明宣宗)의 어필로 대학사 양부(楊溥)를 위해 그린 긴 두루마리의 화훼(花卉) 그림이다. 이를 펼쳐 보면 문인화의 단정한 기품과 장중함이 있고 궁정화의 완곡하고 함축적이며 섬세한 면도 있다. 그중에서도 황제의 대범함과 기품이 단연 돋보인다. 그림에는 20여 종의 화훼가 그려져 있으며 그 외 심정(沈貞), 남인(藍仁), 유각(劉珏), 마식(馬軾) 등 12명의 화가 및 대신들이 이 그림을 위해 제시(題詩)를 써 분위기를 돋움으로써 화면이 더욱 다채로워졌다.

이 그림은 긴 두루마리 형식의 화훼 공필화(工筆畵)로 채색이 우아하면서도 요염하지 않으며 수백 년이 흘렀으나 색이 여전히 선명하다. 선을 그음에 있어 그 정밀하고 섬세함이 머리카락 그리듯 하였다. 꽃은 그 뜻이 고결하고 저마다의 아름다움을 뽐내니 군자의 풍모와 황실의 위엄을 한껏 보여주었다.

명선종 선덕연간(宣德, 1426~1435년)은 사회가 안정되고 경제가 번영하였는데 문화가 창성하는 시대적 배경으로 인해 인재들이 대거 배출되었으니 미술계 역시 활기에 차 있었다. 선종 주첨기는 시·문·서·화를 즐겼는데, 특히 회화에 능하였으며 때때로 직접 그린 서화를 신하들에게 하사하였다. 그의 화조화는 짜임새가 있고 섬세할 뿐만 아니라 사실적이고 정미(精微)한 화풍을 추구하였다. 또 색상과 묵을 결합하는 데 능하여 몰골법(沒骨法)을 사용함으로써 화사하면서도 청아한 운치를 보여주고 있는데 이는 전성기 원체(院体) 화풍의 특징이다.

酒錦扪編者
挺近々
匡流鼎

百葉覆老晚
更紅臨窗映
竹見玲瓏應
如侍火嵊天
上似伴仙郎
箱禁中
　　臣劉廷敬
　題

乾隆

剪々輕風
漠々寒玉
肌蕭索粉
香殘一枝
遙帶
天恩重
分付人間
仔細看
敬題
御製梨
花
　　臣薛瑄
　拜手

古羅衣上金針樣
繡出芳妍玉砌朱
開紫豔紅英照
日鮮　佳人畫閣
新妝了對立叢邊
試摘嬋娟貼向眉
心學翠鈿
右調抹索子咏
洛陽花
臣馬軾

滋露金
風裡重霜
玉水瀕
英言開宗
晚元自不
爭春
臣主恭

38

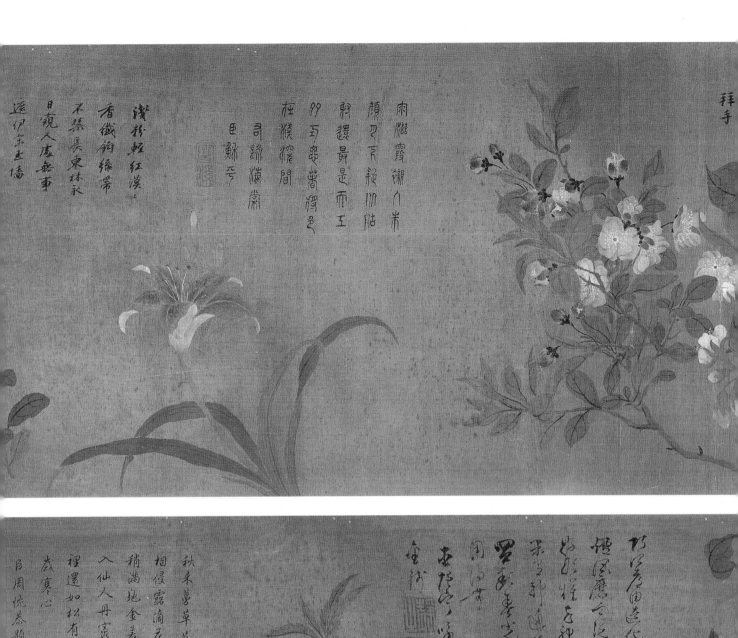

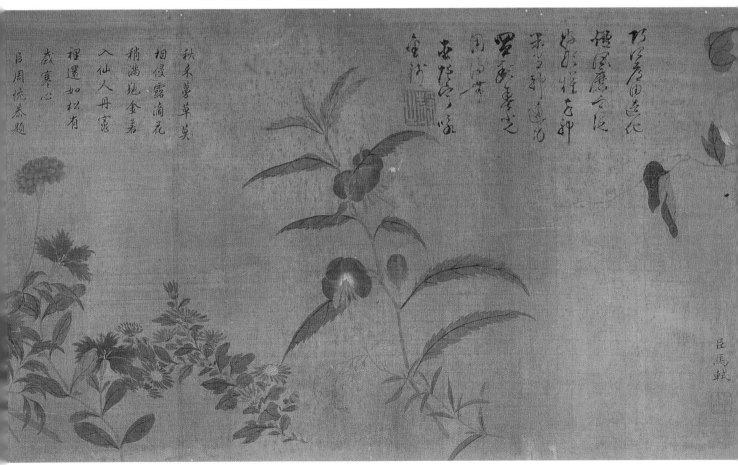

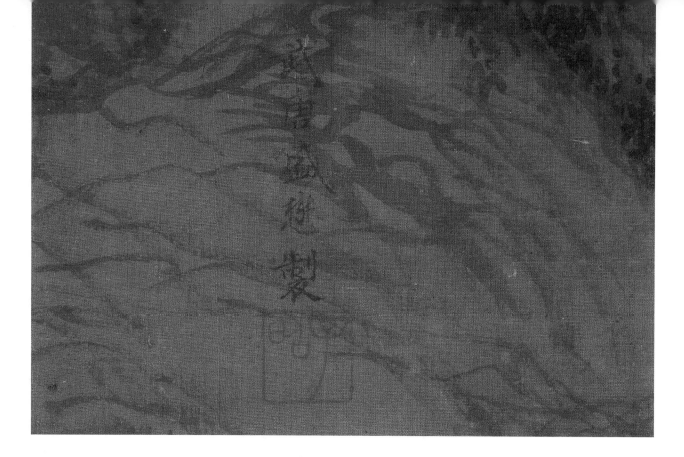

006

성무(盛懋) 〈춘산방우도(春山訪友圖)〉

원 | 축(軸) | 비단 | 세로 179cm 가로 116cm

Visiting Friends around Mountains in Spring

By Sheng Mao | Yuan Dynasty | Hanging scroll | Silk | 179cm×116cm

성무(13~14세기), 자는 자소(子昭), 원적은 임안(臨安, 현재 항주)으로 후에 가선무당[嘉善武塘, 현재 절강 가선현 위당진(魏塘鎭)]에 잠시 거주하였다. 진림(陳琳)에게서 그림을 배우고 후에 조맹부(趙孟頫)의 영향을 받아 산수화, 화조화, 인물화에 모두 능하였다. 성무의 그림을 보면 산들이 두껍고 숲이 우거진 것이 붓놀림이 정묘하고 힘차며, 구도가 정밀하고 깊이가 있는데 화사(畵史)에는 "정묘함에는 여유가 있으나 기교에 너무 집착한다(精絶有餘, 特過于巧)"는 평이 있다. 지정연간(至正, 1341~1367년)에 이름을 드날렸는데 한때 원사대가(元四大家) 중 한 사람인 오진(吳鎭)과 이웃하기도 했다. 성무의 그림을 구하는 사람들의 발걸음은 끊이지 않았지만 오진의 집에는 찾아오는 사람들이 드물었으니 이로부터 성무의 인기를 족히 알 수 있다. 〈방장승요산수도(仿張僧繇山水圖)〉는 황경(皇慶) 2년(1313년)에 그렸으며『고궁주간(故宮周刊)』에 실린 〈하산행려도(夏山行旅圖)〉는 지정(至正) 22년(1362년) 작품이다.

이 그림은 심산 협곡에서 문인과 은사들이 벗과 함께 도를 논하는 장면을 그린 것이다. 근경에는 경사지의 푸른 풀이 융단 같고 청송이 힘차게 뻗어 있으며 수목이 우거져 있다. 고즈넉한 수림 속에는 여러 채의 집이 있고 그중 한 곳에서 두 사람이 마주 앉아 이야기를 나누고 있다. 작은 배 하나가 금방 기슭에 닿아 어린 노복이 조심스럽게 은자를 부축하여 내리고 있는데 마치 친구들 모임에 서둘러 가는 듯하다. 물 건너에는 바위가 한 무더기 있고 집 여러 채가 산 아래 초목과 어우러져 있으며 은사들이 차분히 앉은 모습이 유쾌해 보인다. 중경에는 수목이 울창한 가운데 산봉우리가 두 개 있는데 하나는 평평하고 반듯하며 하나는 기이하고 우뚝 솟아 있다. 두 봉우리 사이에는 계곡이 있는데 은자가 시동(侍童)을 이끌고 재빠르게 걸어 나오고 있으며 저 멀리 붉은색 누각들이 보일 듯 말 듯 하다. 원경에는 몽롱한 안개 속에서 희미하게 보이는 높고 낮은 산들이 기이하고 변화무쌍하다.

이 그림은 필묵을 기초로 하여 주로 옅은 청록색으로 채색하였다. 붓놀림이 부드럽고 완숙하며 준법(皴法)은 주로 피마(披麻)와 해색(解索)을 썼으며 자색(赭色)으로 산기슭, 나무줄기, 건물, 인물에 색을 입히고 다시 삼청(三靑)과 석록(石綠)으로 산의 돌을 바림하여 활력이 넘치면서도 따뜻하고 아늑한 봄날의 경치를 표현하였다. 중경의 정자·누대·누각은 주홍색을 칠하여 색채대비 효과를 강조하였을 뿐만 아니라 심산유곡에 부귀한 기운을 더하였다. 그림에는 송인(宋人)의 구도가 보이고 웅장한 기세의 전경 산수화의 유풍이 있을 뿐만 아니라 원대의 특징인 붓놀림이 부드럽고 채색이 온윤하며 격조가 느껴진다.

"무당에서 성무가 그림(武塘盛懋制)"이란 낙관이 있고 아래에는 주문(朱文)으로 '자소(子昭)'라 찍혀 있다.

007

임량(林良) 〈쌍응도(雙鷹圖)〉
명 | 축(軸) | 비단 | 세로 100cm 가로 86cm

Two Hawks

By Lin Liang | Ming Dynasty | Hanging scroll | Silk | 100cm×86cm

　　임량(1416~1480년 혹은 1428~1494년), 명대의 저명한 화조화가로서 광동 남해(南海) 사람이다. 홍치연간(弘治, 1488~1505년) 내정공봉(內廷供奉, 궁 내 희곡예인)으로 벼슬은 금의만호(錦衣萬戶)에서 금의지휘(錦衣指揮)에까지 이르렀다. 어려서 집안이 가난하여 주사(奏事) 잡역을 한 적이 있으며 그림으로 이름이 알려지면서 영종(英宗) 때 입궁하여 공부영선소승(工部營繕所丞)이 되어 인지전(仁智殿)에서 봉직하였다. 일찍 산수화와 인물화를 배웠으나 이후 화조를 전문적으로 연구하였다.

　　〈쌍응도〉는 화가의 중년시기 작품으로 몰골법을 사용하였고, 그림의 주제인 매 두 마리 외에 대나무·잡목은 모두 직필과 반측필로 그렸다. 매 중 한 마리는 한쪽 다리로 서 있는데 눈빛이 횃불같이 밝으니 기품이 서리고 위엄이 넘치며, 다른 한 마리는 경계하듯 머리를 내밀고 주위를 둘러보며 두 발로 암석을 꽉 잡은 채 공격 자세를 취하고 있다. 이처럼 세심한 묘사에서 우리는 화가의 뛰어난 조예를 엿볼 수 있을 뿐만 아니라 화가가 오랜 시간 매를 관찰하였음을 알 수 있다. 이 그림은 명대부터 지금까지 전해 오면서 오백여 년이 지났음에도 종횡선의 손상이 조금 있을 뿐 전체적으로 잘 보존되어 있어 가치가 크다.

008

심주(沈周) 〈산거도(山居圖)〉

명(明) | 축(軸) | 종이 | 세로 136.5cm 가로 57cm

Living in the Mountains

By Shen Zhou | Ming Dynasty | Hanging scroll | Paper | 136.5cm×57cm

심주(1427~1509년)는 명대 화가로서 자는 계남(啓南), 호는 석전(石田), 만호(晩號)는 백석옹(白石翁)으로 장주[長洲, 현재 강소 오현(吳縣)] 사람이다. 과거에 응하지 않고 오랜 기간 회화, 시문 창작에 종사하였으며 산수화에 능하였다. 부친 항(恒), 백부 정(貞)을 본받고 두경(杜瓊), 조동로(趙同魯)를 스승으로 삼았으며, 후에 송나라 사람 동원(董源), 거연(巨然), 이성(李成)의 기법을 집대성하여 자신만의 풍격(風格)을 이루었다. 중년에는 황공망(黃公望)의 영향을 받았으며 만년에는 오진(吳鎭)의 기법에 심취하였다. 40세 전에는 소경(小景)이 많았으나 후에는 큰 폭에 그렸으며 '필묵이 견실하고 호방하니 소략한 필치로도 뜻을 전하기 충분한' 거침없는 풍격을 형성하였다. 세필(細筆)도 사용하였는데 세심하면서도 질박하고 돈후하니 사람들이 '세심(細沈)'이라 하였다. 시는 백거이(白居易), 소식(蘇軾), 육유(陸游)의 영향을 받았다. 명나라 중기 화단(畵壇)에서 명성이 자자했으며 당인(唐寅), 문징명(文徵明) 모두 심주의 문하생이었다. 후세사람들은 심주(沈周), 문징명(文徵明), 당인(唐寅), 구영(仇英)을 일컬어 '명사가(明四家)'라 하였다.

〈산거도〉는 '세심류(細沈類)'에 속하며 친구에게 선물하기 위해 그린 작품으로 "홍치 4년(1492년) 가을 9월 오랜 친구 숙석을 위해 그림(弘治四年秋九月寫爲宿石老友)"이라고 적혀 있다. 같은 해 12월 화가는 자신의 뜻을 온전히 전하기 위해 시 한 수를 보냈는데 이는 그림의 깊이를 더해 주었다. 시에는 "산에 살기 바란 지도 십 년 세월 흘렀건만, 티끌세상 인연 아직 끊지를 못했구나. 창가에 다가서서 은거의 뜻을 펼치니, 어렴풋한 풍경이 망천과도 같구나(夢想山居已十年, 向手猶末了塵緣. 臨窗試展莬裘志, 仿佛風煙是輞川)"라고 적혀 있는데 여기서 망천[현재 섬서 남전(藍田) 경내]은 당나라 시인 왕유(王維)가 은거하던 곳으로 사대부들이 갈망하는 선경을 뜻한다. 이 그림에서 화가의 전원산수에 은거하고픈 마음을 읽을 수 있다. 심주는 대형 산수화를 그리는 데 능하였는데, 붓 하나 헛되이 댄 곳이 없고 묵색이 풍부하며 붓을 자유자재로 움직여 상을 취함에 미혹되지 않았다. 제일 뛰어난 부분은 구도의 구상이다. 무릉도원은 역대 지식인들이 동경하던 에덴동산으로 이 그림 속 여러 문인아사(文人雅士)들은 물가 수림 속 초가집에 거처하고 있다. 좌측 아래쪽에는 한 고사(高士)가 지팡이를 짚은 채 다리를 건너 돌아오고 있고 우측 아래쪽에는 한 시동이 음식을 준비하고 있다. 그로부터 멀지 않은 곳에 또 다른 고사가 물가 정자 난간에 기대어 마주 보고 있으며 조금 위쪽에는 다른 한 서동(書童)이 서재에서 차를 따르며 시중들고 있다. 중경과 근경에는 수목이 울창한데 잡목도 섞여 있다. 그림의 상부는 중경인데 준법은 간결하고 점태(點苔)는 농후하며 중경과 근경은 운무로 인해 나뉨으로써 허실(虛實)이 상생하는 효과가 생긴다.

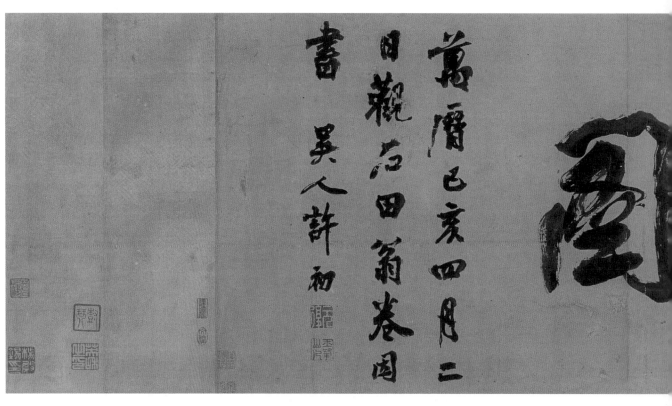

009

심주(沈周) 〈수촌도(水邨圖)〉

명 | 권(卷) | 종이 | 세로 38cm 가로 430cm

Water Village

By Shen Zhou | Ming Dynasty | Hand scroll | Paper |
38cm×430cm

　〈수촌도〉는 심주가 79세의 나이로 그린 만년의 대표작이다. 여든에 가까운 나이로 부지런히 그림을 그리니 그림에 대한 그의 열정이 엿보인다. 이렇게 긴 종이에 거침없이 수미가 일관된 느낌으로 그려내는 것은 쉽지 않은 일이다. 이 그림은 오른쪽으로부터 왼쪽으로 가면서 4개 부분으로 나뉜다. 첫 부분은 담묵허필(淡墨虛筆)로 안개가 자욱하게 낀 수면이 끝없이 펼쳐지는 가운데 한 붉은 옷을 입은 선비가 배를 타고 천천히 다가오는 모습을 그렸는데, 뱃머리의 선비와 뱃고물의 뱃사공 모두 그 동태가 생동감이 있고 정확하다. 두 번째 부분에는 언덕 위 은사의 허름한 초가집이 보이는데 주인은 옷깃을 여미고 단정하게 앉은 채 사색에 잠겼고 시동은 문에 기대어 멀리 바라보며 기다리는 모습을 하고 있다. 정원은 깎은 듯이 평평한데 정원 주위 산석은 단단하고 세밀한 준법으로 표현함으로써 모양이 다양하다. 울창한 수목은 엇갈린 배열이 제법 정취

46

있고 중묵(重墨)으로 이끼를 그려 먹빛이 풍부해졌다. 세 번째 부분은 산세가 높고 변화무쌍한데 그중 일부 산봉우리는 화면 밖에까지 뻗었다. 직필로 윤곽을 그리고, 측필로 주름을 그렸는데 마음 따라 손을 움직이니 상을 정확하게 취하였다. 이 부분은 전체에서 가장 세밀한 부분으로 일말의 빈틈도 없는데 만년에 최고 경지에 오른 화가의 완숙한 기법과 예술적 재능을 집중적으로 보여주었다. 네 번째 부분에서는 산세가 평탄해지는데 산중 평지에는 늙은 선비와 젊은 선비가 천천히 산장을 향해 걷고 있다. 산은 낮고 비탈은 완만하며 수목 또한 드문데 세 번째 부분의 빈틈없는 모습과 비교되면서 말도 달릴 수 있을 듯하니 시야가 확 트임으로써 마음이 후련해지고 기분이 유쾌해진다. 전체 그림을 살펴보면 네 부분은 서로 나뉘면서 합쳐지고 관련이 있으면서도 구분되며 물 · 집 · 산 · 길이 모두 있는, 눈과 마음을 모두 즐겁게 하는 전경식 은사산거도(隱士山居圖)이다. 그림은 화가 자신의 마음속 이상인 동시에 명 말 지식인들의 보편적인 현실도피 심리를 표현하고 있다.

오위(鳴偉) 〈송은고사도(松隱高士圖)〉

명 | 축(軸) | 비단 | 세로 187cm 가로 47cm

Pine Trees, Hermitage and Learned People

By Wu Wei | Ming Dynasty | Hanging scroll | Silk | 187cm×47cm

오위(1459~1508년), 자는 차옹(次翁), 호는 소선(小仙)이며, 강하[江夏, 현재 호북 무한(武漢)] 사람이다. 인지전(仁智殿) 대조(待詔)를 지냈으며 후에 금의위백호(錦衣衛百戶)가 되어 '화장원(畵狀元)'이란 도장을 하사받았다. 그러나 그는 관료사회의 부패를 간파하고 세도가를 멸시했으며 그들에게 물들기를 원치 않았고 황제의 속박에서 벗어나려 했다. 따라서 그는 기꺼이 민간으로 돌아와 술을 마시고 그림을 그리며 개성의 자유와 해탈을 추구하였다.

오위는 '강하파(江夏派)' 대표로서 명나라 중기에 명성을 떨쳤으며 산수화는 마원(馬遠)·하규(夏圭) 및 대진(戴進)의 영향을 받았으나 자신만의 풍격을 갖추었다. 또한 시종일관 민간회화의 질박하면서도 호방한 특징을 유지하였으며 수묵 사용에 있어 거침없는 화풍은 보는 이를 압도하였다. 화법을 보면 붓놀림이 간결하고 힘차며 측필을 많이 사용하였는데, 선이 급속하게 이어지면서도 변화가 많으며 종횡으로 선을 그은 것이 거침없고 일관되어 사람의 마음을 뒤흔드는 기세가 있다.

굽이굽이 흐르는 물가에서 술을 마시며 시를 짓는 고사(高士)는 역대 문인들이 즐겨 그린 제재이다. 이 〈송은고사도〉는 다섯 폭 병풍으로 한 무리의 문인 사대부들이 술을 실컷 마시고 마음껏 즐기는 유유자적한 모습을 그린 것이다. 화면에서 간략하게 처리된 청산은 자욱한 운무 속에서 보일락 말락 하고 울창한 수목 가운데로 시냇물이 굽이쳐 흐르고 있다. 시냇가에는 문인들이 삼삼오오 떼를 지어 있는데 강기슭에서 가부좌를 하고 휴식하거나 지팡이와 나무를 짚고 서서 하늘을 보며 한숨을 짓기도 하고, 혹은 술기운을 빌려 자유분방하게 논의하거나 경치가 아름다운 오솔길을 따라 한가롭게 거닐며 시구를 읊조리거나, 혹은 몸을 굽혀 술잔을 들거나 붓을 들고 생각에 잠긴 듯한 모습 등 화면 속 인물의 유유자적한 모습이 하나같이 절묘하게 묘사되어 있다. 이처럼 화가는 뛰어난 필치와 웅건한 필묵으로 문인 아회(雅會)의 고일한 모습을 생동감 있게 표현하였다.

문징명(文徵明) 〈묵색산수도(墨色山水圖)〉

명 | 축(軸) | 종이 | 세로 138.5cm 가로 33.5cm

Landscape

By Wen Zheng-ming | Ming Dynasty | Hanging scroll | Paper | 138.5cm×33.5cm

문징명(1470~1559년), 명대 서화가로 초명은 벽(璧)이었으며 후에 자를 징중(徵仲)으로 고쳤다. 호는 형산거사(衡山居士)로 장주[長洲, 현재 강소 오현(吳縣)] 사람이다. 청소년 시기에는 오관(吳寬), 이응정(李應禎), 심주(沈周)에게 각기 문학, 서예, 회화를 배웠다. 54세에 세공생(歲貢生)으로 천거를 받아 이부에서 시험을 본후 한림원(翰林院) 대조(待詔)를 제수받았다가 3년 만에 사직하고 고향으로 돌아왔다. 행초서(行草書)가 뛰어났는데 힘차고 유려하였다. 지영(智永)의 필의(筆意)를 체득하여 산수화를 잘 그렸는데 옛사람들의 우수한 산수화를 두루 섭렵한 후그들의 경지를 터득하여 나름 일가를 이루었다. 멀리 곽희(郭熙), 이당(李唐)을 사숙하고 가까이 오진(吳鎭)을 배웠으며 평생 조맹부(趙孟頫)를 흠모하여 매사에 그를 본보기로 삼았다. 논자들은 "시·문·서·화는 조맹부와 동일하나 각종 서체에 두루 능한 것은 문징명이 나았다(詩, 文, 書, 畫與趙同, 而出處純正, 若或過之)"고말한다. 화가는 강남의 산수풍경과 문인들의 은거생활을 즐겨 묘사하였는데 구도가 안정적이고 필묵이 고풍스러우면서도 힘 있고 유려하다.

이 그림은 화가의 초기 작품으로 구도가 안정적이고 자연스러우며 붓놀림이 시원스럽다. 당시 사람들은 "초년에는 측필을 많이 사용하여 화풍이 세밀하고 근엄하며 중년기에는 비교적 조방(粗放)하였으며 만년에는 점차 단정해졌다. 조방함과 세밀함을 겸비함으로써 오진의 경지를 터득하였고 화가 자신이 마음에 들어 한그림은 늘 정교함을 승부수로 하였다(早年多用側鋒, 畫風細謹, 中年較粗放; 晩年漸趨醇正. 粗細兼備, 悟入吳鎭遺意; 得意之筆往往以二制勝)"고 하였다. 전반적으로 보면 화가는 붓놀림이 뛰어나며 사의(寫意)를 추구하여 은사의 삶을 아득하고 은은하게 묘사하였다. 이 그림에서 화가는

통념을 벗어나 원경의 산은 짙은 묵으로 뚜렷하게 그리고 중경은 옅은 색으로 여백을 표현하였으며, 근경 또한 먹을 짙게 함으로써 아래위가 짙고 중간 부분이 은은하게 표현되었는데 작가의 의도가 반영된 듯하다.

문징명(文徵明)
〈죽수석도(竹樹石圖)〉

명 | 축(軸) | 종이 | 세로 70.5cm 가로 30.5cm

Bamboo, Tree and Rock

By Wen Zheng-ming | Ming Dynasty | Hanging scroll | Paper | 70.5cm×30.5cm

〈죽수석도〉는 대략 1640~50년대의 작품으로 『중국고대서화도록(中國古代書畵圖錄)』에 발표 된 바 있다. 문징명은 인문정신을 지닌 화가로서 80세 이후에도 소해(小楷)로 그와 교류가 있던 청 년들에게 회답하였는데 식구들의 만류에도 글씨 를 쓰다 틀리면 다시 써서 꼭 자필로 답하였다. 그 림 빚을 갚을 때면 손이 모자라 자녀나 학생들이 대필하기도 하였다. 필자가 보건대 이 그림은 화 가의 만년 작품이 아니라면 자녀나 학생이 대필한 것이다. 자세히 보면 돌 아래 작은 풀의 묘사가 공 력이 모자란 탓에 힘없어 보이기 때문이다. 화면 의 중심이 되는 대나무, 수목, 돌은 상당히 잘 묘사 되었다. 이때 먹빛은 세 가지 색으로 나뉘는데 대 나무는 짙은 색이고 돌은 회색이며 나무는 옅은 색이다. 붓놀림은 대부분 서법의 용필로 완성되었 으며 특히 대나무와 돌 뒤 작은 나무들이 그러하 다. 그림에 적혀 있는 시와 서예 또한 그림의 풍격 을 더해 준다.

013

구영(仇英) 〈청명상하도(清明上河圖)〉
명 | 권(卷) | 비단 | 세로 37cm 가로 612cm

The Festival of Pure Brightness by the River
By Chou Ying | Ming Dynasty | Hand scroll | Silk | 37cm × 612cm

　　구영(1493~1560년), 명대 화가로 자는 실부(實父), 호는 십주(十洲)이다. 태창(太倉, 현재 강소에 속함) 사람이나 소주(蘇州)에서 거주하였다. 공장(工匠) 출신이나 그림에 뜻이 있음을 안 주신(周臣)이 남달리 여겨 가르쳤으며 문징명(文徵明)의 눈에 띄어 이름을 날렸다. 임모(臨摹)를 할 때 황지(黃紙)에 분을 먹여 그림을 그리면 진짜와 다름없었다. 그림 판매를 생업으로 하였는데, 인물화 특히 미인도를 잘 그렸으며 채색에 뛰어나고 수묵, 백묘(白描)에도 능했다. 다양한 필법으로 수많은 대상을 표현하니 유창하고 화려하며 정교하기도 하고 웅건하면서 호방하게도 보인다. 논자들은 그의 미인도를 가리켜 "금취빛 머릿단, 홍백색 비단옷, 정미하고 요염하니, 옛사람들 못지않다(發翠豪金, 絲丹縷素, 精麗艶逸, 無慚古人)"고 하면서 "주방이 다시 돌아온다 해도 또한 넘어서지 못할 것이다(周昉復起, 亦未能過)"고 평하였다. 산수화는 청록을 위주로 하여 섬세하고 광택이 나며 명려하면서도 웅건하였다. 동기창(董其昌)은 그를 "조백구가 환생한 듯하니 문징명과 심주도 그의 기법에는 미치지 못한다(趙伯駒后身, 即文(徵明), 沈(周)亦未盡其法)"라고 하였다. 간혹 그린 화조화도 청아하고 운치가 있었다. 만년에 수장가(收藏家)

樓然枯鬱然秀喬然翁然莫知其窮
人物則官仕農商醫卜僧道吏胥蒿帶
縰夫婦女臧穫之行者坐者問者答者
授者受者負者戴者抱而携者曰窺而
呼者倦而倡者有乘而陸憂者曰窺而
又有以板飛輿無輪薪而陸憂者騾驢
馬牛橐駝之屬或負或卧或飲或
脊就橐斷艸普人橐半者屋宇則禁禦
之殿官府之衙市廛之居邨野之庄寺
觀之廬門廊屏幃籬壁之製間見而屬
出店肆所鬻則若酒若饌若香若藥若
雜貨百物皆有顯扁名字而筆畫纖細
幾坐不可辨識所謂人阡物者甚多坒
不可指數不見錯綜改竄之蹟杜少陵
所謂毫髮無遺憾者非早作思日積月
累不能剄可謂難矣大理家實又見而
此粉本向藏朱氏可已奪天巧復舊觀矣
見經歲畢工見難矣見而手摹
後之覽者當即以原本視此可也

嚞

嘉靖歲在甲寅春三月上澣
雁門文徵明撰并書

항원변(項元汴)의 집에 기거하면서 그를 위해 역대 명작들을 모사하였다. 후세사람들은 그를 심주, 문징명, 당인과 함께 '명사가(明四家)'라 일컬었다. 전해 오는 작품으로는 〈동음청화도(桐陰淸話圖)〉(축), 〈우군서선도(右軍書扇圖)〉(축), 〈연계어은도(蓮溪漁隱圖)〉(축), 〈독락도(獨樂圖)〉(권), 〈심양송별도(浔陽送別圖)〉[일명 〈비파행도(琵琶行圖)〉](권)가 있다.

이 그림의 끝부분에는 문징명이 쓴 '가정 갑인년 춘 3월(嘉靖歲在甲寅春三月)'이란 발문이 있는데 이 그림이 가정 갑인년 이른 봄에 그린 것임을 알려 준다. 당시는 청명상하도를 제재로 한 그림이 많았는데, 이 그림도 그중 하나로 동경변량[東京汴梁, 지금의 하남 개봉(開封)] 교외부터 시내까지 번화한 거리가 사람들로 북적이는 모습을 묘사한 것이다. 두루마리 전체는 걸음을 옮길 때마다 풍경이 바뀌는데 구륵전채(鉤勒塡彩)를 많이 사용하였고 선은 신중하면서도 정묘하며 색상은 짙으면서도 고아함을 잃지 않았다. 시작 부분은 촌부들이 숲 속에서 서로 어울려 일하는 조용하고도 평화로운 교외 풍경이다. 중간 부분부터는 점차 시내에 들어서면서 시민들의 생활이 한눈에 들어온다. 힘찬 붓놀림으로 넓은 길가의 가지각색 점포와 수많은 사람들이 있는 저잣거리를 정교하게 묘사함으로써 번화하고 풍요로운 변량성의 모습을 보여주었다. 이 그림에서 가장 눈에 띄는 부분은 세부묘사로 정원 내 많은 괴석과 수목을 아주 치밀하게 묘사하였는데 나뭇잎은 협엽법(夾葉法)을 사용함으로써 청록과 세밀한 묘사가 두드러져 구영의 공력을 엿볼 수 있다.

구영(仇英)
〈귀부성친도(貴婦省親圖)〉
명 | 축(軸) | 비단 | 세로 104cm 가로 44.5cm

A Noble Lady Sending Her Respects
to Relatives

By Chou Ying | Ming Dynasty | Hanging scroll | Silk |
104cm × 44.5cm

이 그림에서 화가는 대각선 구도를 취하였는데
경물을 묘사함에 있어 소밀을 적절히 사용함으로
써 조밀한 부분은 바람도 새지 못하게, 성긴 부분
은 준마도 달릴 수 있게 그렸다. 그림 속 네 인물
가운데 중심인물은 손수레에 앉은 젊은 부인인데
아리따운 용모에 편한 자세를 취하고 있고, 그 옆
사내아이는 활발하고 귀여워 관음보살 옆의 동자
같다. 젊은 부인이 앉은 수레는 검정과 빨강이 어
울려 화려하고 섬세하다. 수레를 밀고 있는 남자
노복은 맨발에 가슴을 드러냈는데 건장하고 힘
이 있는 모습이며 정신을 집중하여 일에 몰두하
고 있다. 좌측 아래쪽에는 한 노부인이 허리에 꽃
을 꺾을 때 쓰는 갈고리를 비스듬히 꽂은 채 왼손
에는 꽃바구니를, 오른손에는 꽃을 꺾어 들고 젊
은 부인에게 친근한 표정을 지어 보여 따뜻하고
화기애애한 분위기를 연출하였다. 좌측 아래에는
작은 나무와 산석도 있는데 우측 위의 큰 나무와
대응되면서 대각 구도를 이루고 있다.

전곡(錢谷) 〈죽계고사도(竹溪高士圖)〉

명 | 권(卷) | 종이 | 세로 31cm 가로 197cm

Hermit in a Stream with Bamboo Along

By Qian Gu | Ming Dynasty | Hand scroll | Paper | 31cm×197cm

　전곡(1508~?년), 명대 화가로서 자는 숙보(叔寶), 호는 경실(磬室)이며, 장주[長洲, 현재 강소 오현(吳縣)] 사람이다. 어려서 고아로 가난 탓에 배움을 중단하였다가 장년에 공부를 시작하였으며 문징명(文徵明)에게 시문, 서화를 배웠다. 희귀 서적을 손으로 베껴 쓰곤 했는데 귀한 책이 있다는 말을 들으면 병으로 누웠다가도 일어나 책을 빌려 밤낮을 가리지 않고 베껴 썼으며 늙어서도 변치 않았다. 산수화에 능하니 필묵이 시원하고 온건하며 인물화와 난죽화는 꾸밈이 없고 질박했다. 생계를 꾸리는 데 재주가 없어 가난하였으니 문징명이 그의 집을 지나면서 "(살림이) 매달린 경쇠처럼 비었으나 스스로 즐기네(懸磬磬, 自得爾趣)"란 글을 남겼다. 왕세정(王世貞)은 그를 미술계의 '동호[董狐, 춘추전국시대 진나라의 사관(史官)]'라 칭하며 그의 그림을 얻을 때마다 품평을 남겼다. 현전하는 작품으로는 『중국회화사도록(中國繪畫史圖錄)』(하권)에 수록된 가정(嘉靖) 43년(1564년) 작 〈구지원도(求志園圖)〉(권)와 천진시 예술박물관에 소장된 융경(隆慶) 원년(1567년) 작 〈호구도(虎丘圖)〉(축), 미국 클리블랜드미술관이 소장하고 있는 융경 6년 작 〈어락도(漁樂圖)〉(권), 중국 수도박물관에 소장된 만력(萬曆) 2년(1574년) 작 〈적벽부도·문징명행서적벽부(赤壁賦圖·文徵明行書赤壁賦)〉(합권), 중국미술관에 소장된 만력 5년 작 〈죽림멱구도(竹林覓句圖)〉(축), 프랑스 파리 기메박물관에 소장된 〈피서도(避暑圖)〉가 있다. 저작으로는 『속오도문수(續吳都文粹)』 등 편집본이 있다.

　이 그림은 1539년 작품으로 화가가 갓 서른이 지난 때라 열정이 넘치고 안목이 예리한 때였다. 긴 두루마리에 전형적인 풍경 속 인물을 이렇듯 정확하고 세밀하게 묘사함으로써, 인물과 산수가 어우러져 서로 돋보이니 매우 오랜 시간 연마해야 얻어지는 경지이다. 그림은 인물에 따라 세 부분으로 나뉜다. 첫 부분은 늙은 선비와 젊은 선비가 서로 어울려 다리를 건너가는 뒤로 시동이 따르고 있다. 뒤에 바위 하나가 우뚝 솟아 있는데 바위 위에는 소나무, 전나무, 녹나무가 각양각색으로 구부러져 뻗어 있다. 다리 아래로 잔잔한 강물이 조용히 흐르는 가운데 하늘과 물이 하나가 되었다. 다리 맞은편에는 한 선비가 급히 달려 나와 손님들을 맞이하고 그 뒤쪽 울창한 잡나무 숲 앞에는 두 선비가 바닥에 앉아 있는데 연장자는 무릎에 가야금을 놓은 채 젊은 선비와 마주 보고 이야기를 나누고 있다. 그 옆에는 작은 돌다리가 가로놓여 있고 열 발짝 떨어진 곳에는 한 시동이 접시를 들고 걸어오고 있다. 마지막 부분에서는 고사 다섯 명이 아무런 구애 없이 차분하게 대화를 나누고 있다. 여기에서 다섯 사람은 가야금을 타거나 문장을 읊거나 차를 마시거나 수염을 쓰다듬거나 경청하는 등 각자 다른 자세를 취하고 있을 뿐만 아니라 의복도 서로 다른데, 더욱 재미있는 건 수염도 가지각색이라는 점이다. 다섯 선비가 속세를 떠나 맑은 물이 흐르는 대나무 숲 무릉도원에 이르러 뜻이 같은 벗을 만나니 그 활달한 심경과 유쾌한 심정은 가히 짐작하고도 남음이 있다. 다시 뒤로 열댓 발짝 떨어진 곳은 더욱 한적하여 운무가 자욱하게 피어오르고 여울물이 굽이쳐 돌고 돌며 수목이 서로 어우러졌는데 앞 풍경과 대조를 이루어 고요한 분위기가 더욱 두드러진다. 전체 그림을 보면 화가는 문인 아회(雅會)의 아름다운 장면을 노래하였는데 이는 동시에 현실 사회에 대한 불만과 해탈에 대한 공감을 나타낸 것이다.

정운붕(丁雲鵬) 〈나한도(羅漢圖)〉

명(明) | 축(軸) | 종이 | 세로 67cm 가로 33.5cm

Arhat

By Ding Yun-peng | Ming Dynasty | Hanging scroll | Paper | 67cm × 33.5cm

정운붕(1547~1628년), 명대 화가로 자는 남우(南羽), 호는 성화거사(聖華居士)이며, 휴녕(休寧, 현재 안휘성에 속함) 사람이다. 인물화, 불상화가 뛰어난데 당나라 오도자(吳道子)의 기법을 따랐고 백묘(白描)는 송나라 이공린(李公麟)을, 채색은 원나라 전선(錢選)을 따랐다. 그의 작품은 정밀한 것이 특징이며, 논자들은 "머리카락 그린 것 같은 정교함에 얼굴과 표정이 모두 드러날 정도이다(絲髮之間, 而眉目意態畢現)"라고 평하였다. 산수화도 뛰어났는데 이는 문징명의 기법을 취하였으며, 화훼도 곧잘 그렸고 시부(詩賦)에도 능했다.

청대에는 정부가 민족정책을 중시하여 한족, 장족, 몽고족 및 기타 소수민족의 불교에 대한 신앙심이 커서 황제, 왕실귀족들은 물론 아전과 백성들까지 모두 불교를 깊이 믿었다. 따라서 불교는 거의 국교와 다름없었으며 불석은 화가, 특히 인물을 그리는 화가들에게 있어 참신한 제재가 되었다. 화면은 'C'형 구도로 안정적이면서도 절묘하며 윗부분은 운무가 자욱하여 이상적인 불교 수행지의 특징이 두드러지게 나타난다. 인물화에서는 얼굴과 손에 대한 묘사가 가장 중요한데 이 그림에서 웃통을 벗은 나한의 오관(五官) 부분은 감탄할 만하다. 오관은 백묘를 위주로 하면서 짙은 부분은 선염법을 사용하였고 눈 흰자위 부분은 비록 백지 그대로지만 얼굴색보다 빛난다. 위 눈꺼풀은 농묵으로, 아래 눈꺼풀은 담묵으로 처리하였으며 이는 이공린(李公麟) 백묘의 기본 특징이다. 얼굴 윤곽과 머리카락, 눈썹, 코, 수염을 그린 선 모두 농담과 조세(粗細)가 적절하다. 오관 중 두 번째인 손은 여성스러운 감이 있다. 나한은 보살 다음가는 존자인데 손에 적단(赤丹)을 쥐고 있는 까닭은 무엇일까? 이는 당·송 이래 불교와 도교가 융합된 데서 비롯한 듯하다.

운향(惲向) 〈층암산거(層巖山居)〉
명 | 축(軸) | 종이 | 세로 130cm 가로 54cm

Living in the Mountains in Overlapping Rock

By Yün Xiang | Ming Dynasty | Hanging scroll | Paper | 130cm×54cm

운향(1586~1655년), 원명은 초(初)였으나 후에 향(向)으로 고쳤으며 자는 도생(道生), 호는 향산옹(香山翁)이며, 무진[武進, 강소 상숙(常熟)] 사람으로 운수평(惲壽平)의 백부이다. 숭정연간(崇禎, 1628~1644년)에는 '현량방정(賢良方正)'이란 기치를 내걸고 내각중서(內閣中書)를 제수받았으나 얼마 지나지 않아 사직하고 시골로 돌아갔다. 운향은 시문을 즐기고 산수화에 능했는데 웅장하고 힘찬 기세를 띠었다. 일찍 동원(董源)과 거연(巨然)을 사숙하여 필치에 힘이 있으며 팔꿈치를 들고 직필로 그려 필세가 웅건하다. 먹을 사용함에 있어 짙고 엷음과 마르고 젖음이 적절하고 자유분방하여 스스로 일가를 이루었다. 만년에는 되레 필묵을 아꼈는데 예찬(倪瓚), 황공망(黃公望)의 영향을 받아 평범함과 자연스러움을 추구하였다. 저서로는 『화지(畵旨)』 4권이 있다.

이 그림은 산수화로 인적이 끊긴 산속에 시냇물만이 흐르고 있는 아늑하고 평화로운 정경을 묘사한 것이다. 산골짜기의 깎아지른 듯한 절벽은 준험하고 수목은 울창하며 잡초들은 무성한데 그 가운데 졸졸 흐르는 시냇물과 작은 다리, 그리고 초가집이 자리하고 있다. 붓놀림이 노련하고 힘차며 거침없고, 농묵과 담묵을 사용함에 있어 막힘이 없다. 전체 그림은 필묵 사용이 거침없고 기운이 생동하나 다소 거칠고 경솔한 감이 있다.

"향산운본초(香山惲本初)"라 서명한 아래에 '운향지인(惲向之印)'이라 찍혀 있다.

남영(藍瑛) 〈방대치산수도(仿大痴山水圖)〉

명 | 축(軸) | 비단 | 세로 180.5cm 가로 47.5cm

Landscape after Huang Gongwang

By Lan Ying | Ming Dynasty | Hanging scroll | Silk | 180.5cm×47.5cm

남영(1586~약 1666년), 명대 화가로 자는 전숙(田叔), 호는 접수(蝶叟), 석두타(石頭陀)이며, 전당(錢塘, 현재 항주) 사람이다. 산수화에 능하며 젊어서는 필묵이 두껍고 수려하였는데 당·송·원 여러 대가들을 본받아 옛것을 추구하였으며 황공망을 전력으로 연구하였다. 청록산수화는 장승요(張僧繇)의 몰골법을 모방하여 화려하였다. 후에 남북 지방을 유랑하면서 풍격이 변하였고 중년에는 스스로 일가를 이루었는데, 붓놀림이 노련하고 힘차 당시에 이름을 날렸으며 풍격은 심주(沈周)와 흡사하였다. 당시 사람들은 '지나치게 드러낸다'고 하였으며, 진조영(秦祖永)이 평하기를 "만약 부드러운 기운을 그 속에 녹여 드러냄을 없앤다면 능히 문징명·심주 등과 다툴 수 있다[如果以渾融柔逸之氣化之, 何嘗不可與文(徵明)沈(周)諸公爭勝也]"고 하였다. 인물, 화조화도 뛰어나 절파의 마지막 화가로 꼽히기도 했으며 진홍수(陳洪綬), 유도(劉度), 진선(陳璇), 왕환(王奐) 등 화가들에게 영향을 미쳤다.

이 그림은 남영의 젊은 시절 작품으로 좌측 위에는 "대치(황공망의 호)법, 남영이 본뜸(大痴法, 藍瑛仿之)"이란 낙관이 있다. 그는 황공망의 산수화를 탐구하여 구상·구도·붓놀림 등을 모두 사숙하였는데, 이 그림에서 황공망을 향한 동경과 갈망을 엿볼 수 있다. 이 그림은 구도가 명쾌하고 붓놀림이 세련되고 간결하며 거침없다.

남심(藍深) 〈추산행려도(秋山行旅圖)〉

청 | 축(軸) | 비단 | 세로 135.5cm 가로 44.5cm

Travelers amidst Mountains in Autumn

By Len Shen | Qing Dynasty | Hanging scroll | Silk | 135.5cm × 44.5cm

남심(생졸 미상), 청대 화가로 자는 사청(謝靑), 전당(錢唐, 현재 항주) 사람이다. 명대 유명 화가 남영(藍瑛)의 손자로 만년에는 봉상(鳳翔)성을 유람하였다. 회화는 가법을 이었으며 기법은 변화가 많은 편이나 모두 옛법에 부합하였다. 강희(康熙) 15년(1674년) 작 〈산수화〉(부채)가 현재 북경시박물관에 소장되어 있다. 작품으로는 〈수죽묘재도(水竹茆齋圖)〉(축), 〈집장탐유도(執杖探幽圖)〉(축), 〈산수도(山水圖)〉(축) 등이 있다.

이 그림은 늦가을 깊은 산속에서 여행하는 사람 여럿이 협곡을 지나는 정경을 그린 것이다. 전체 화면은 청신하고 명려하며 생동감이 있다. 화가는 화면 전체에서 고원법(高遠法)을 취하였는데 골짜기는 깊고 고즈넉하며 엷은 안개가 어른거리는 가운데 나무는 붉고 산은 푸르니 형태감이 있으며 층차가 복잡하나 어지럽지 않다. 산꼭대기는 엷은 먹으로 표현함으로써 새벽안개와 아침이슬 같은 시원한 느낌을 주며, 근경의 물가 잡나무 숲을 붉게 물들임으로써 가을임을 나타냈다. 이 그림의 주제인 인물에 대한 묘사는 더욱 절묘하다. 산속에는 두 선비가 당나귀를 타고 느릿느릿 가면서 여유롭게 담소하고, 시냇물 맞은편에는 한 노인이 당나귀를 타고 뒤따라가는 모습이 서로 호응을 이룬다. 필묵의 표현에 있어 산석(山石)을 표현할 때는 건필(乾筆), 파필(破筆)과 방필(方筆), 측필(側筆)을 섞어 사용하였고, 겹겹이 우뚝한 석골(石骨)을 묘사함에는 터치와 구륵법과 준법을 모두 사용하였는데 산세에 따라 점차 준법(皴法)을 줄이고 운염(暈染)을 늘여 습윤해 보이게 하였다. 개자점(介字點), 소혼점(小混點)으로 나뭇잎을 그렸는데 빽빽하고 성긴 것이 다양하지만 어지럽지 않았다. 산기슭 물가에 놓인 돌들의 뿌리 부분은 자석(赭石)으로, 산의 양지 쪽은 녹색으로 표현하였다.

이 그림은 회화기법에서 남영의 진수를 이어받았지만 자기만의 운치가 있어 걸작이라 할 수 있다.

020

항성모(項聖謨) 〈승천사야유도(承天寺夜游圖)〉

청 | 축(軸) | 비단 | 세로 54cm 가로 36cm

Discussing the Tao in Mountains in Autumn

By Xiang Sheng-mo | Qing Dynasty | Hanging scroll | Silk | 54cm×36cm

항성모(1597~1658년), 청대 화가로 원래 자는 일(逸)이었다가 후에 공창(孔彰)으로 고쳤으며 호는 역암(易庵) 또는 서산초(胥山樵), 별호(別號)는 송도산선(松濤散仙), 존거사(存居士), 취풍인(醉風人), 대유산인(大酉山人), 연당거사(蓮塘居士), 연파조도(煙波釣徒), 일수(逸叟), 광음객(狂吟客), 원호조수(鴛湖釣叟), 불야누중사(不夜樓中士)이며, 수수[秀水, 현재 절강 가흥(嘉興)] 사람이다. 명대 저명한 수장가·감상가·서화가인 항원변(項元汴)의 손자이다. 어려서부터 가학을 이어 글 읽기와 그림 그리기를 좋아하였다. 과거에 합격한 후 수재(秀才)가 되어 국자감(國子監)에 추천되었으며 후에 고향에 돌아와 은거했다. 빈곤하여 그림을 팔아 생계를 유지하였으나 권세에 아부하지 않았다. 산수, 화조, 인물화에 모두 능하였는데 산수화는 처음엔 문징명을 따랐으나 후에 여러 사람들의 장점을 집대성하여 송대 회화에서는 기세를 본받고, 원대 회화에서는 운치를 본받아 조형이 정확할 뿐만 아니라 붓놀림이 세밀하여 아담하고 빼어난 운치가 있었다. 시와 문장에 능하며 『낭운당집(朗雲堂集)』, 『청하초당집(淸河草堂集)』이 전해 내려오고 있다.

이 그림은 늦가을의 정취를 표현한 것으로 두 채의 건물이 있는 정원이 심산에 자리하고 있다. 푸른 소나무와 측백나무, 울창한 숲 속 곧게 뻗은 대나무 사이로 정원에 닿는 길이 구불구불 이어져 있다. 문 앞에는 은자 세 명이 서 있는데, 그중 머리에 검은 비단 관을 쓴 사람은 소동파(蘇東坡)이고 머리에 유생 두건을 두른 사람은 진관(秦觀)이며 다른 한 사람은 스님이다. 세 사람은 서로 마주 하여 손뼉을 치며 웃고 있는데 아주 즐거운 듯하고 시동은 한편에 공손한 모습으로 서 있다. 울타리가 화면 우측에서 뻗어 나오고 꼬불꼬불한 오솔길은 고즈넉하고 별천지 같아 사람들로 하여금 끝없는 사색을 펼치게 한다. 원경은 산들이 끊임없이 기복을 이루고 있으며 산봉우리가 멀리까지 뻗어나가 경계가 트여 있다.

화가는 우모준(牛毛皴)·피마준(披麻皴)을 사용하였다. 나무줄기, 집, 인물 및 산석의 양지 면은 옅은 자색(赭色)으로 칠하였고 나뭇잎, 산, 뿌리, 돌의 패인 부분은 옅은 화청(花靑)으로 표현하였다. 지면은 검푸른 색을 바림하여 푸른 풀이 무성한 느낌을 주었고 문 앞 두 그루의 단풍나무는 색채대비 효과를 주는 동시에 가을임을 알려 준다. 송대 회화 속 산세의 웅위함과, 원대 회화의 온화함과 고아함을 한데 녹여 냄으로써 조용하고 담백하며 초연히 세속에서 벗어난 느낌을 준다.

'항성모(項聖謨)' 석 자가 근경 좌측 하단 산석에 쓰여 있다. 낙관 아래 '항(項)'이라고 찍혀 있는 주문(朱文)과 백문(白文) 두 가지가 있다.

사사표(査士標) 〈수묵은거도(水墨隱居圖)〉

청 | 축(軸) | 종이 | 세로 170cm 가로 57cm

Living in Seclusion

By Zha Shi-biao | Qing Dynasty | Hanging scroll | Paper | 170cm×57cm

사사표(1615~1698년), 청대 서화가로 자는 이첨(二瞻), 호는 매학(梅壑), 나로(懶老)이다. 안휘 휴녕(休寧) 사람이며 후에 강소 양주(揚州)에 거주하였다. 명나라 제생(諸生)으로 청이 들어선 후 과거를 보지 않고 서화에 몰두하였으며 집안에 종묘의 제기와 송·원시대 진적이 다수 있어 감식안이 뛰어났다. 산수화에 능하였는데 처음엔 예찬(倪瓚)을 배웠으며 후에 오진, 동기창의 기법을 섞으니 필묵이 성기고 간결하며 여유 있는 기법을 이루어 분위기가 황량하고 차가웠다. 홍인(弘仁), 손일(孫逸), 왕지서(汪之瑞)와 함께 신안파 사대가[新安派 四大家, 즉 해양사가(海陽四家)]로 불린다. 서법은 동기창을 배웠지만 자유분방한 면은 미불(米芾)과 흡사하다. 현전하는 그림으로는 고궁박물원에 소장된 강희 6년(1667년) 작 〈수운루도(水雲樓圖)〉, 안휘성박물관에 소장된 강희 14년 작 〈의황자구청만난취도(擬黃子久晴巒暖翠圖)〉(축), 상해박물관에 소장된 강희 19년 작 〈평천경주도(平川擎舟圖)〉(축), 『중국회화사도록(中國繪畵史圖錄)』(하권)에 수록된 강희 22년 작 〈공산결옥도(空山結屋圖)〉 그리고 중국미술관에 소장된 〈운산연수도(雲山煙樹圖)〉(권)가 있고, 저서로는 『종서당유고(種書堂遺稿)』가 있다.

이 그림은 사사표의 중년기 작품으로 그 당시 이미 자신만의 회화풍격을 이루었고 필묵을 사용함에 있어 간략하지만 초라하지 않았다. 전경에는 소나무 두 그루가 적절한 간격을 유지하여 서 있다. 늙은 선비가 다리를 건너는 아래로는 흰 물결이 일고, 다리 어귀의 산은 높고 비탈은 가파르다. 조금 떨어진 곳에는 산길이 강을 따라 구불구불 뻗어 있고 조금 더 먼 곳에는 교목이 뒤섞여 있다. 나무 아래는 농묵(濃墨)으로 촘촘히 먹점을 찍었다. 나무 뒤로는 산맥이 끊임없이 이어지고 먼 산은 검푸르다. 우측 위쪽에는 화가가 지은 "…… 높은 뜻을 품은 이가 고요함을 찾아온 듯하고, 무궁한 낙원은 서로 잇닿아 있네(…… 似有高人尋幽靜, 無窮樂境總相關)"란 시문이 있다. 이 그림을 통해 작가의 그림, 시, 서예 등 여러 방면에서의 재능을 엿볼 수 있다.

마부도(馬負圖) 〈마고헌수도(麻姑獻壽圖)〉

청 | 축(軸) | 종이 | 세로 150cm 가로 81cm

마부도(1614~1681년), 자는 백하(伯河), 희문(希文) 이고 순치(順治) 11년 거인(擧人)이 되었으며 산동 장 산(長山) 사람이다. 지두화(指頭畵)에 뛰어났는데 이 그림에는 '지두생활(指頭生活)' 넉 자로 낙관을 찍었 다. 마고헌수(麻姑獻壽, 마고는 중국 고사에서 생명을 관 장하는 신으로 마고헌수는 마고 신이 장수를 준다는 의미) 는 회화의 전통 제재이지만 지두화는 그리 많지 않다. 이 그림은 지두화라 하여 분산되거나 통일성이 결여 되지 않고 도리어 짜임새가 탄탄하다. 구도는 조각형 식을 취하여 화면에 빈틈이나 불필요한 부분이 없다. 이 그림의 정묘한 부분은 첫 째, 인물 형상이 단정하고 장 중하며, 둘째, 옷 주름의 성기 고 조밀함에 운치가 있다. 셋 째, 머리카락과 소매, 띠가 모 두 화면 좌측 동일한 방향으 로 흩날리고 있는데 마치 구 름과 안개를 타고 하늘을 나 는 듯하다. 마고는 오른손으 로는 영지를 들고 왼손으로 는 동자의 어깨를 잡고 있으 며, 동자는 두 손으로 보자기 를 받들고 서 있는데 두 사람 모두 앞을 주시하고 있어 느 긋하게 걷고 있는 듯한 느낌 을 준다.

023

서방(徐枋) 〈모옥고은도(茅屋高隱圖)〉

청 | 축(軸) | 종이 | 세로 72cm 가로 52.4cm

Thatched Cottage and Hermitage

By Xu Fang | Qing Dynasty | Hanging scroll | Paper | 72cm×52.4cm

서방(1622~1694년), 자는 소법(昭法), 호는 사재(俟齋)이며, 오현(吳縣) 사람이다. 숭정(崇禎) 15년(1642년) 거인이 되었고 청대에는 천평산(天平山) 산골짜기 초당에 은거하였다. 산수화는 동원(董源), 거연(巨然), 형호(荊浩), 관동(關仝)의 법을 따랐고 예찬·황공망의 영향도 받았으며 그림을 팔아 생계를 유지하였는데 특히 지란(芝蘭)을 즐겨 그렸다. 『국조화정록(國朝畵征錄)』, 『동음논화(桐陰論畵)』는 모두 세인들의 칭찬을 받았다.

이 그림의 근경은, 강기슭에 돌이 가득하고 잡목이 무성하다. 수목 사이로 초가집 하나가 물을 마주 하고 있는데 한 은사가 초당에 홀로 앉아 강물이 기슭에 부딪치는 소리를 조용히 귀 기울여 듣고 있다. 강에는 작은 다리가 가로놓여 있는데 그 위로 동자가 허리를 구부린 상태로 책을 받쳐 들고 초당으로 바삐 가고 있다. 중경에는 산봉우리가 우뚝 솟아 있고 산세가 가파르며 잡초가 무성하다. 원경에는 언덕 옆에 물이 있고 산들이 기복을 이루어 공간이 드넓으면서도 심원하다.

구도는 평원(平遠)과 고원(高遠) 두 가지 기법을 동시에 사용하여 근경, 중경, 원경을 분명히 함으로써 층차가 분명하다. 붓놀림은 노련하고 힘찬 가운데 부드러움과 아름다움이 있고 먹으로 농담을 살려 겹겹이 쌓아가듯이 칠해 습윤하고 아담하며 광활하고 질박하여 격조가 느껴지는데, 이로부터 화가가 원대 황공망, 예찬을 얼마나 열심히 모방하였는지 알 수 있다.

"계축 진일 사재 서방이 그림(癸丑辰日俟齋徐枋畵)"이란 낙관이 있고 그 아래 백문(白文)은 '서방지인(徐枋之印)', 주문(朱文)은 '사재(俟齋)'라 찍혀 있다.

왕휘(王翬)〈취산유거도(翠山幽居圖)〉

청 | 축(軸) | 비단 | 세로 218cm 가로 61cm

Thatched Cottage by a Stream in a Verdant Mountain

By Wang Hui | Qing Dynasty | Hanging scroll | Silk | 218cm×61cm

왕휘(1632~1717 혹은 1720년), 청대 화가로서 자는 석곡(石谷), 호는 경연산인(耕煙散人), 검문초객(劍門樵客), 조목산인(鳥目山人), 청휘노인(淸暉老人) 등이며 강소 상숙(常熟) 사람이다. 옛것을 모방한 작품이 많은데 남북종 화풍을 한데 녹임으로써 공력이 탄탄하며 만년 화풍은 간결하면서도 중후하였다. 청나라 초기 '화성(畵聖)'이라 불렸으며 '사왕(四王)' 중에서도 기법을 두루 갖추어 거대한 성과를 이루었다. 제자가 많아 '우산파(虞山派)'를 형성하였으며 근현대 산수화에까지 영향을 미쳤다. 현전하는 작품으로는 〈방조운서산산수도(仿曹雲西山山水圖)〉, 〈평림산목ㆍ도화원도(平林散牧ㆍ桃花源圖)〉, 〈원인고운도(元人高韵圖)〉, 〈강희남순도(康熙南巡圖)〉 등이 있다.

이 그림은 큰 폭의 청록산수화로 조감법을 사용하여 입체감과 공간감을 나타냈다. 산등성이들은 겹겹이 푸르고 여러 가지 점법(點法)으로 거침없이 그린 나무들은 울창하다. 시냇물이 굽이치며 흐르는 가운데 인물, 산기슭, 누각, 조각배 또한 각기 그 모습을 드러내니 그야말로 생기가 넘치는 아름다운 산간의 경치로 화가는 그 속에 심원한 뜻을 담아냈다. 필묵 사용에 있어서 원나라 사람 여서(餘緒)를 본받음으로써 붓놀림이 유려하고 웅건하며 묵법은 투명하고 윤택이 나며 채색은 밝고 우아하다. 화면 좌측 상단에는 '왕휘(王翬)'로 낙관을 찍었고 운수평(惲壽平)의 제사와 발문이 있다.

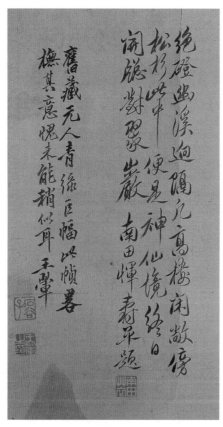

025

문점(文點) 〈방운림추강만학도(仿雲林秋江万壑圖)〉

청 | 권(卷) | 종이 | 세로 21.4cm 가로 557cm

Autumn River and Innumerable Valleys
By Wen Dian | Qing Dynasty | Hand scroll | Paper | 21.4cm×557cm

문점(1633~1704년)의 자는 여야(與也), 호는 남운산초(南雲山樵)이며 장주(長洲, 현재 강소 소주) 사람이다. 문팽(文彭)의 현손으로 시문에 뛰어나고 서화에 능하였다. 산수화는 문징명의 가법을 이어 붓놀림이 세밀하고 유려하며 운염법(暈染法)을 사용하여 몽롱하게 처리하였으며 인물화에도 능하였다. 특히 소품의 송죽이 뛰어났으니 필묵이 극히 단아하고 먹점으로 소나무 줄기를 표현하기를 즐겨 당시 사람들은 우스개로 "문점의 소나무는, 문은 단아함으로 나타내고 점은 점태로 표현한다네(文點松, 文也文, 點也點)"라고 하였다. 인품이 고결하여 명예를 추구하지 아니하였으며 국자박사(國子博士)로 천거되었으나 따르지 않았다. 부친의 사망 이후 묘전을 지키면서 과거시험을 포기하고 글과 그림으로 여생을 보냈다. 향년 72세로 졸하였고, 저서로는 『남운집(南雲集)』이 있다.

그림을 펼쳐 보면 앞부분에는 오호범(吳湖帆) 선생의 제사와 발문이 있고 권미에는 수장가 호사분(胡嗣芬)의 평이 있는데 그중 "생활이 청렴하고 화풍이 깔끔하며, 은일한 심정과 고상한 격조는 예우와 흡사하다(澹泊松筠, 瀟洒翰墨, 逸情高致, 頗肖倪迂)"란 구절이 있다. 전체 그림은 예찬의 필의(筆意)를 본받아 묵 사용을 신중히 하였는데 필묵은 깨끗하고 부드러우며 의경(意境)은 고상하고 청일하다.

그림은 강남(江南) 어촌의 아름다운 정경을 묘사한 것으로 멀리 보이는 강은 안개가 자욱이 낀 수면이 가없이 펼쳐지고 근경에는 겹겹이 싸인 산봉우리가 우뚝 솟아 있다. 중경의 여백은 사람들의 눈길을 점점 열어지며 멀어지는 깊은 화면 속으로 이끌고 나무를 묘사함에 예찬의 기법과 유사하지만 고필(枯筆)도 사용함으로써 단단하고 힘차 보인다. 나무 꼭대기와 잔가지는 해조법(蟹爪法, 살짝 말린 가지 끝을 게 발톱처럼 그리는 방법)을 사용해 서법 분위기가 있으나 예찬의 적막하고 황량한 분위기와는 사뭇 다르다. 예찬의 그림에서는 인적도 새도 보기 드물지만 문점의 그림은 생활의 정취로 가득하다. 강에는 고깃배가 가득하고 기슭에는 아사(雅士)들이 삼삼오오 모여 시를 읊고 부를 지으며 웃음꽃을 피우는 모습이 거리낌이 없어 보인다. 산간 평지의 촌락과 사당도 생기가 넘쳐 예우의 적요한 기운은 보이지 않는다.

文彥空林村雲

有明一代長洲之以六法名家者海內僉然並稱文沈文氏尤一門濟美三絶之詒歷

數傳遂不墜宗風與也為三橋立孫績學孤貧工詩早歲畫境則力窺元以

上沿波討源泛濫各家而仍歸約於高曾規矩且身當嬗代之際避讎徵辟

自署南雲山樵澹泊松筠瀟灑翰墨逸情高致頗肖倪迂此幅即仿雲林橫

紙長三丈餘墨嶂煙江疏林喬木蘆汀蓼嶼沙鳥風帆勾染畢具纖毫不規

於形模是求而幽秀之極自造蕭淡昔白石翁於勝國諸賢名蹟無不摹寫獨

遷史一種淡墨自謂難學蓋遷叟能於用淡獨取韻啓南力勝於韻故尚覺

微隔一塵然則與也此幅之極意經營雲樹江天疏密相間作觀與雲林荒率之

境似不相類實則已掃淨縱橫氣習求淡於工竟中自跋之辭信為尚非籬堵間

物亦可謂攝神遺象善於追摹古人者矣

幼農姻文瓦精鑒裁先逸蒐歲祕笈頗富此幅去歲得自吳門一昨攜過寒

齋留置案頭靜觀數日不惟歎慕儼然點筆恆蹊畫脫於滄海橫流

之世獨能志行孤潔三百年遞生平想像今安得復有斯人因憶與也

晚年與竹垞老人交誼彌篤逸竹垞詣墓已愴然謂京洛緇塵素衣

易化他日搜訪遺民一傳堪以效驗吾文今復幸得披玩斯圖尤不能不

有少陵若耶雲門吾獨何為泥滓之感矣

乙丑嘉平月十有二日紫江胡嗣芬時同在白門

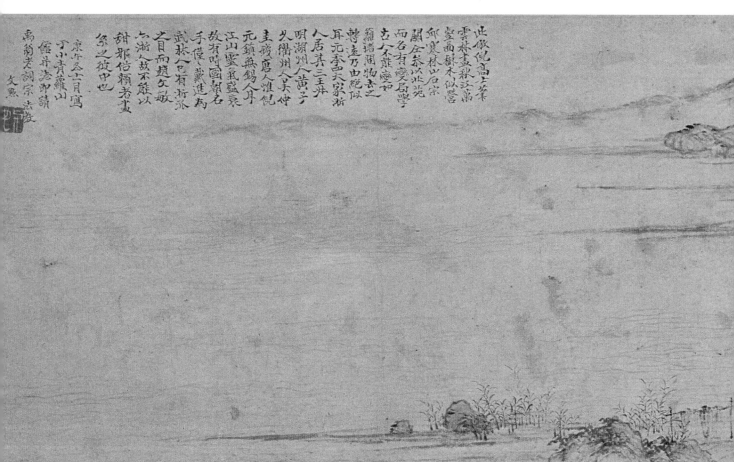

此像似高士筆
雲林畫秋泛第
墨而積木山似營
邱寒林山后宗
關仝秀以此苑
而名有變局學
去人不能愛局記
前溝淵物志之
聲遠乃由絕似
耳元李四大家浙
人居其三玉丹
明湖州人黄子
久儒州人王仲
圭殘唐人惟倪
元鎮無錫人身
江山墨氣盛泉
手偉人當進為
故有時國賢名
武林人巴有折水
之目而題文敬
六浙人故不能以
甜郭倍賴老畫
宋之彼中也

京下癸六月寫
于小青籮山
館丹港即晴
禹蘭若詞宗去教
文熹

고간(高簡) 〈산정회우도(山亭會友圖)〉

청 | 축(軸) | 비단

Meeting Friends in the Pavilion

By Gao Jian | Qing Dynasty | Hanging scroll | Silk

고간(1634~1707년), 강소 소주 사람으로 시를 잘 짓고 산수화에 뛰어났다. 원나라 기법을 모방하였으며, 표현이 간결하고 담백하며 포치가 안정되고 풍격이 청신하다. 소품이 많고 매화를 즐겨 그렸는데 모두 의미심장하여 소장 가치가 있다. 현전하는 작품으로는 『비둔려장명인산수집(肥遁廬藏名人山水集)』에 수록된 강희 6년(1667년) 작 〈한림시사도(寒林詩思圖)〉(축), 고궁박물원에 소장된 강희 9년(1670년) 작 〈방조지백산수도(仿曹知白山水圖)〉(축)와 강희 35년(1696년) 작 〈석조낙안도(夕照落雁圖)〉(축), 상해박물관에 소장된 강희 9년(1670년) 작 〈방고산수책(仿古山水冊)〉 12정(十二幀)과 순치(順治) 10년(1653년) 작 〈방송원산수팔정(仿宋元山水八幀)〉(권), 여순박물관에 소장된 강희 42년(1703년) 작 〈방당해원추림서옥도(仿唐解元秋林書屋圖)〉(축), 남경박물관에 소장된 〈청산적취도(靑山積翠圖)〉(축), 요녕성박물관에 소장된 〈방서분산수도(仿徐賁山水圖)〉(서화첩)가 있다.

"당인(唐寅)의 필법을 따라 마치 육여가 있는 듯하다, 고간(仿唐六如筆法似有老親翁, 高簡)"이란 낙관이 있고 아래는 백문(白文)으로 '고간(高簡)', 주문(朱文)으로 '담주(澹遒)'라 찍혀 있다. 이 그림은 구도가 완벽하고 합리적인 전경식 산수화로 겹겹이 병풍같이 우뚝 솟은 산들을 고원법과 심원법으로 그렸다. 당인(唐寅)의 산수화는 붓놀림에 변화가 많고 변형된 부벽준(斧劈皴)과 난시준(亂柴皴)으로 산석을 묘사함으로써 산과 물이 수려하고 습윤하다. 고간의 이 그림도 같은 기법으로 산석을 그렸는데 필의가 웅건하며 산세가 높고 가파르다. 나무의 묘사는 용필에 변화가 많아 우뚝 솟은 소나무는 울울창창하고 오동나무 잎은 크게 먹점을 찍었는데 먹빛의 농담 변화가 미묘하고 풍부하며 층차가 분명하다. 대나무 숲 속 은사의 거소는 그림에 생명을 불어넣어 고상하고 은은한 정취가 물씬하다. 먼 산은 담묵으로 윤곽을 그린 후 다시 담묵과 석록(石綠)으로 층층이 바림하였으며 주름은 그리지 않았다. 한 줄기 폭포가 쏟아져 내리는데 산 어귀 계곡 입구만 그리고 옆에 산석은 그리지 않았으나 자욱한 수증기와 안개로 매우 깊고 먼 공간을 간접적으로 표현하였다. 전체 그림은 고금의 필법을 집대성한 가운데 붓놀림이 간결하고 채색이 고아하면서 담백하여 의경이 고상하고 예스럽다.

진서(陳書) 〈청방도(淸芳圖)〉

청 | 축(軸) | 종이 | 세로 126cm 가로 59.5cm

Delicate Fragrance

By Chen Shu | Qing Dynasty | Hanging scroll | Paper | 126cm × 59.5cm

진서(1660~1736년), 자는 남루(南樓), 호는 상원제자(上元弟子), 남루노인(南樓老人)이며, 수주[秀州, 현재 절강 가흥(嘉興)] 사람이다. 형부좌시랑(刑部左侍郞)이던 장자 전진군(錢陳群)의 적극적인 추천으로 역사상 궁정에 소장된 그림이 제일 많은 여류 화가가 되었다. 진서의 작품은 제재가 다양하였는데 인물화는 빈틈없고 정밀한 공필중채화(工筆重彩畵)이고 산수화, 화조화는 필의 정감과 묵의 운치를 좇는 문인사의화(文人寫意畵)이다.

진서는 서화 방면의 조예가 깊은데 필묵이 유려하고 구조가 빈틈없다. 청대 진조영(秦祖永)이 『동음논화(桐陰論畵)』에서 그녀의 화조화에 대해 "남루노인 진서의 화조초충은 풍채가 힘차고 뛰어나며 운치가 자연스럽고 우아함이 극에 달했다(南樓老人陳書, 花鳥草虫, 風神遒逸, 机趣天然, 極其雅秀)"라고 하였다. 이 그림에서는 꽃을 그릴 때 담묵으로 가지를 그리고 몰골법으로 잎을 바림하였으며 간략한 필선으로 꽃을 그려 그 자태가 시원하고 아름다우며 굽어보고 쳐다보니 운치가 있다. 꽃과 어우러진 호석(湖石)은 붓놀림이 호방하고 거침없다. 후세 사람이 운남전(惲南田)의 시를 인용하여 "먹물을 금빛 술 주전자에 뿌리니, 향긋한 바람이 선경을 진동하고, 밝은 달밤에 옥통소를 부니, 한 무리 신선들이 예상무를 추네(墨汁洒金壺, 香風動瑤圃, 玉簫明月夜, 一隊霓裳舞)"란 제사를 더하니 의인법의 영향으로 신비함이 있는 신화세계가 부각되었다. 이 그림에는 주문(朱文) '진(陳)'과 백문(白文) '서(書)'가 찍혀 있다.

화암(華嵒) 〈이어상천하(鯉魚上天河)〉

청 | 비단 | 세로 39.5cm 가로 46.5cm

A Carp Landing on the Milky River

By Hua Yan | Qing Dynasty | Silk | 39.5cm×46.5cm

화암(1682~1752년), 자는 추악(秋岳), 원래 자는 덕숭(德嵩), 호는 신라산인(新羅山人), 백사도인(白沙道人), 동원생(東園生), 포의생(布衣生), 이구거사(離垢居士)이며, 복건 상항(上杭) 사람으로, 일설에는 보전(莆田) 사람이라고도 한다. 제지 공장에서 견습공으로 일하였으며 그림을 무척 좋아하여 어렸을 적에 백사촌(白沙村) 화씨 사당 벽에 네 폭의 큰 그림을 그렸는데 마을사람들의 칭찬을 들었다. 후에 항주, 양주로 떠돌며 그림을 팔아 생활하다가 만년에 항주에서 졸하였다. 인물화, 산수화에 능하였고 특히 화조화, 초충화, 동물화에 능하였으며 멀리는 이공린(李公麟), 마화지(馬和之)를 사숙하고 가까이는 진홍수(陳洪綬), 운수평(惲壽平) 및 석도(石濤)의 영향을 받았다. 사생(寫生)을 중시하고 구도가 참신하며 형상이 생동감이 있고 다채롭다. 고필(枯筆), 갈묵(渴墨), 담채(淡彩)를 즐겨 사용하였는데 색상이 은은하고 끈적이지 않아 수려하고 명쾌하면서 변화무쌍하다. 논자들은 그에 대하여 "독특함으로 일가를 이루고 끝없이 변화를 추구하며, 운치가 자연스러워 운수평과 어깨를 나란히 할 수 있다"라고 하였으며, 그의 그림은 특히 청대 중엽 이후 화조화에 큰 영향을 미쳤다. 현전하는 작품으로는 천진시 예술박물관에 소장된 〈백운송사도(白雲松舍圖)〉(축), 고궁박물원에 소장된 〈화조책(花鳥冊)〉(8쪽), 요녕성박물관에 소장된 〈추풍호음도(秋風好音圖)〉(축), 남경박물관에 소장된 〈춘수쌍압도(春水雙鴨圖)〉(축)가 있다. 저서로는 『이구집(離垢集)』, 『해도관시집(解弢館詩集)』이 있다.

물고기는 중국에서 전통적으로 상서로움의 상징이었기 때문에, 자연히 전통회화의 제재로 즐겨 쓰였다. 특별히 세화(설에 집 안에 붙여 복을 비는 그림)에 자주 나타나며 예를 들면 '해마다 풍요롭길 빕니다(連年有餘)', '물고기가 용문을 뛰어넘다(魚跳龍門)' 등이 있다. 이 그림은 일부분으로, 다른 부분은 손상되어 이 부분만을 소장가가 표구한 것 같다. 그림에서 화가는 몰골법으로 수면 위로 솟구쳐 오르는 먹빛 큰 잉어를 생동감 있게 묘사하였다. 시문이 흥미로운데 "잉어가 먹빛 속에서 생기가 넘치는구나, 붉은 꼬리와 은빛 비늘은 여인들이 쓰던 북 같네, 2월이라 복숭아꽃도 피고 봄물도 불어나니, 물고기들이 무리 지어 은하수로 향하네(鯉魚墨中神采多, 赤尾銀鱗古婦梭, 二月桃花春水漲, 一鬐万斛上天河)"라는 내용이며, 시와 그림이 서로 어우러져 사람들에게 미묘한 시적 감성을 일으키고 끝없는 상상을 펼치게 한다.

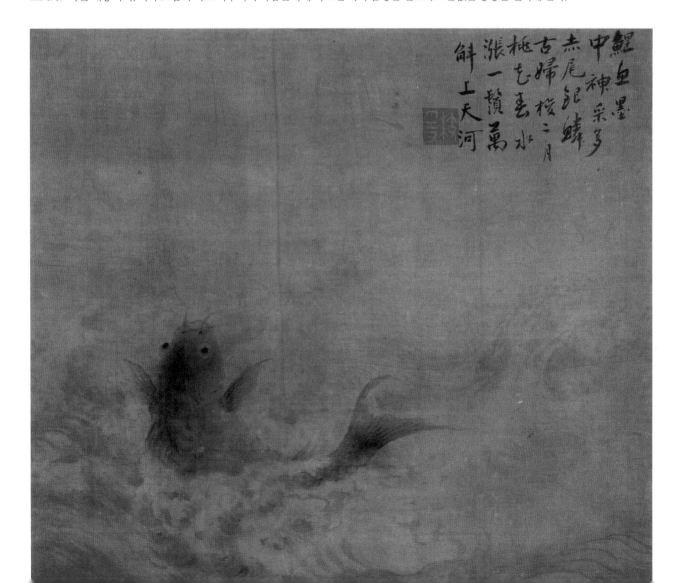

029

황신(黃愼) 〈고사무금도(高士撫琴圖)〉

청 | 축(軸) | 종이 | 세로 162cm 가로 87cm

Hermit Playing the Zither

By Huang Shen | Qing Dynasty | Hanging scroll | Paper | 162cm×87cm

황신(1687~약1770년), 자는 공수(恭壽), 공무(恭懋), 호는 영표자(瘦瓢子), 동해포의(東海布衣) 등이며, 복건 영화(寧化) 사람이다. 빈곤하였지만 어머니를 극진히 모셔 효자라 불렸다. 양주에 살면서 그림을 팔아 생활하였으며 '양주팔괴(揚州八怪)' 중 한 사람이다. 인물화에 능하였고, 젊을 때는 필치가 세밀하고 생동감이 있었으며 대부분 신선이야기나 문인사대부들의 생활을 제재로 취하였으나 인부, 어민, 나무꾼, 걸인을 그리기도 했다. 만년에는 광초(狂草) 필법으로 그림을 그렸는데 거침없이 붓을 휘두름으로써 그 기상이 웅위하였다. 〈군개도(群丐圖)〉는 오직 초서(草書)를 사용해 기근으로 인해 거리에 내몰린 사람들의 참담한 삶을 생동감 있고 정묘하게 묘사하였으며 그 표현이 거침없었다. 산수화는 오진(吳鎭)의 화풍을 배웠고 예찬, 황공망의 영향도 받았다. 화훼와 서법에도 능하였는데 회소(懷素)의 서체를 본받았다. 전하는 작품으로는 현재 고궁박물원에 소장된 〈묵국도(墨菊圖)〉〈축)와 산동성박물관에 소장된 〈사녀도(仕女圖)〉〈권)가 있다. 저서로는 『교호시초(蛟湖詩鈔)』가 있다.

이 그림은 1762년 작으로 화가의 중·노년기 작품이다. 그림 속 인물의 높이는 118cm에 달하는데 선이 유창하고 자유분방하며 기운이 생동하고 붓놀림이 정확할 뿐만 아니라 인물형상이 선명하다. 노인의 두 눈을 정확하고 개성 있게, 즉 하나는 크게 하나는 작게 묘사함으로써 세월의 흐름 속에서 원래의 대칭성을 잃은 노인의 오관을 생동감 있게 나타냈다. 색상은 오직 주표(朱膘, 노란색과 붉은색이 섞인 색) 한 가지만 사용하였으며 눈썹과 수염 부분은 여백을 남겨 흰색을 표현하였는데 이는 문인들이 필묵을 중시하고 색을 신중하게 사용한 전통을 보여주는 것이다. 낙관은 "건륭 임오년 가을 증운각에서 영표가 씀(乾隆壬午秋寫于曾雲閣瘦瓢)"이라 적혔고, 아래는 백문(白文)으로 '황신(黃愼)', '영표(瘦瓢)'라고 찍혀 있다.

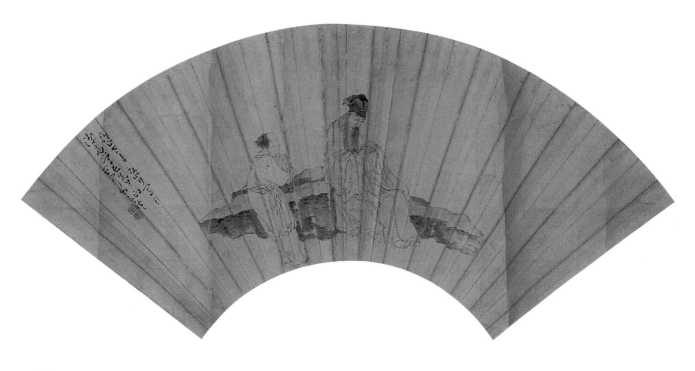

030

황신(黃愼) 〈동파완연도(東坡玩硯圖)〉
청 | 부채 | 종이 | 세로 17.2cm 가로 50cm

Scholar Su Examining the Inkstone

By Huang Shen | Qing Dynasty | Leaf | Paper | 17.2cm×50cm

이 그림은 1730년, 화가의 시력과 필력이 예리할 때인 43세 되던 해에 그린 그림으로 황신에게서는 보기 드문 선묘(線描)작품이다. 초기 서화 작품 중 역작으로 인물형상이 정확하고 생동하며 선이 막힘이 없는데 후기 작품에서 나타나는 불필요한 선들이 없다. 그림 속 주인공 소동파(蘇東坡)는 돌에 걸터앉아 손에 든 벼루를 주의 깊게 보고 있는데 완전히 도취되어 물아의 경지인 듯하다. 그 옆에 선 서동은 책을 들고 있

는데 책이 너무 많아 턱으로 책을 누르는 순간을 포착한 데서 화가의 절묘한 구상과 깊은 공력을 엿볼 수 있다. 인물형상과 주변 묘사에 있어 서양의 명암법을 빌려 주인공 얼굴의 입체감과 경물의 음양변화를 표현하였는데 이로부터 청나라 중엽 화가들은 서양회화에서 부단히 영양분을 취하여 작품의 표현이 더욱 풍부해졌음을 알 수 있다.

변수민(邊壽民) 〈노화고안도(蘆花孤雁圖)〉

청 | 축(軸) | 종이 | 세로 89cm 가로 54cm

변수민(1684~1752년), 원명은 유기(維祺), 자는 수민(壽民)이며 자를 이름으로 삼았다. 이후 자를 이공(頤公)으로 바꾸었고, 호는 점승(漸僧), 위간거사(葦間居士)이며, 강소 산양[山陽, 현재 회안(淮安)] 사람이다. 제생(諸生)으로 시와 사가 뛰어나며 서화에도 능하였는데 화훼와 영모(翎毛)가 개성 있으며, 특히 발묵(潑墨)으로 그린 갈대와 기러기가 강회(江淮, 장강~회하) 일대에서 유명하였다. 기러기들이 날면서 우는 모습이나 서식하는 모습 등 그림에 필의가 돈후하고 호방하며 힘이 있었다. 묵죽법(墨竹法)으로 그린 갈대는 성기면서도 힘차다. 산수와 물고기, 조개 등을 그리기도 하였는데 이 또한 의취가 넘쳤다. 화암(華喦), 정섭(鄭燮) 등과 교유하였으며 양주화파(揚州畫派) 일원으로 알려졌다. 여러 명류들이 찾아왔는데 모두들 변수민을 '회안 제일의 고사(淮上一高士)'라 불렀다. 전해지는 작품으로는 산동성박물관에 소장된 옹정(雍正) 9년(1731년) 작 〈호안도(芦雁圖)〉(서화첩), 고궁박물원에 소장된 옹정 10년 작 〈노안도(蘆雁圖)〉(축), 남경박물관에 소장된 건륭(乾隆) 11년(1746년) 작 〈노안도(蘆雁圖)〉(축)가 있다. 1925년 중화서국(中華書局)에서 『변이공화책(邊頤公畫冊)』을 출판하였고 1928년 문명서국(文明書局)에서 『변수민화안잡화책(邊壽民畫雁雜畫冊)』 등 영인본을 출판하였다. 저서로는 『위간로인제화집(葦間老人題畫集)』이 있다.

변수민은 호북성 홍호(洪湖)에서 태어나 자랐는데 동치(同治) 갑자(甲子)년에 흥현(興縣) 사람인 강증정(康曾定)이 이 그림을 위해 지었던 긴 시 중 "해가 지니 조각배가 기러기와 함께 자고, 새벽까지 잠시 동안 달갑게 은거하네. 풍년세월 벼와 기장 전과 같이 부족하고…… 삶아지기를 원치 않아 기러기가 울지 않네(盡日扁舟隨雁宿, 自甘小隱東淸時. 丰歲稻粱猶不足…… 此雁不鳴原不烹)"란 네 구절에서 우리는 청대 화가들이 현실생활에 대한 관찰을 중요시했음을 알 수 있다. 몰골법과 대사의(大寫意) 화법으로 외기러기를 생동감 있게 묘사하였는데 한 눈은 하늘을 향하고 부리는 조금 벌린 것이 짝을 찾고 있는 듯한 모습이다. 부리를 쌍구법(雙鉤法)으로 표현함으로써 머리 부분이 더욱 강조되고 물갈퀴는 옅은 붉은색으로, 골격은 짙은 붉은색으로 그려 정확하고 생동감이 있다. 특히 기러기 뒤 희미한 갈대꽃은 쓸쓸하고 처량한 분위기를 더해 준다. 중국 여러 박물관에 소장된 〈노안도(蘆雁圖)〉는 대부분 서서히 내려앉는 모습이나 바닷가에서 머리를 들고 둘러보는 모습을 그린 군안도(群雁圖)로 외기러기를 그린 작품은 극히 적다.

냉매(冷枚) 〈서민채화승상도(西民採花乘象圖)〉

청 | 축(軸) | 비단 | 세로 95cm 가로 52cm

Riding an Elephant and Plucking Flowers

By Leng Mei | Qing Dynasty | Hanging scroll | Silk | 95cm×52cm

　냉매, 청대 화가로 자는 길신(吉臣), 호는 금문외사(金門外史)이며, 산동 교현(膠縣) 사람이다. 초병정(焦秉貞)의 제자이며 내정에서 공봉을 지냈다. 인물화, 계화(界畵)를 잘 그렸는데 서양 화법 중 사생을 취해 공필과 사의를 겸비하여 그림이 격식에 알맞고 우아하다. 강희 42년(1703년) 구영(仇英)을 모방하여 그린 〈한궁춘효도(漢宮春曉圖)〉(권), 강희 50년 제작에 참여한 〈만수성전도(万壽盛典圖)〉(권)는 모두 『국조화정록(國朝畵征錄)』에 수록되었다. 논자들은 "필묵이 깨끗하고 색상이 아름답다(筆墨潔淨, 賦色韶秀)"고 평하였다. 전해지는 작품으로는 〈궁원사녀도(宮苑仕女圖)〉(축)에 수록된 옹정 3년(1725년) 작 〈구사도(九思圖)〉(축)가 미국 보스턴박물관에 소장되어 있다.

　이 그림은 대략 청나라 중기, 즉 강건성세(康乾盛世) 시기 작품이다. 청나라는 이웃 국가와 교류가 빈번하여 일반 백성도 외국인을 쉽게 볼 수 있었는데 궁정화가인 냉매는 더 말할 나위가 없었다. 이 그림은 한 남아시아 국가 상류사회의 붉은 머리 남자 세 명 - 장년, 청년, 소년을 그린 것이다. 코끼리를 탄 소년은 매화를 꺾어 담은 꽃병을 안았는데 소년이 두 발로 코끼리 귀뿌리를 딛고 균형을 잡는 모습이 재미있다. 코끼리는 상서로운 영물로 고개를 돌려 두 남자와 교류하는 듯하다. 이로부터 소년과 코끼리가 그림의 중심임을 알 수 있다. 다른 두 남자는 한 명은 붉은색으로 다른 한 명은 푸른색으로, 한 명은 모자를 쓴 모습으로 다른 한 명은 아무것도 쓰지 않은 모습으로 묘사하였으며, 한 명은 얼굴이 말끔하고 다른 한 명은 곱슬곱슬한 구레나룻이 나 있으며, 한 명은 뚱뚱하고 다른 한 명은 날씬하며, 한 명은 정면 다른 한 명은 측면을 그림으로써 묘한 대비효과가 있으니 그야말로 생동감이 넘친다.

97

채가(蔡嘉) 〈대선도(對禪圖)〉

청 | 축(軸) | 종이 | 세로 154cm 가로 76.5cm

Meditation

By Cai Jia | Qing Dynasty | Hanging scroll | Paper | 154cm×76.5cm

채가(1686~1779년), 자는 송원(松原), 잠주(岑州), 호는 설당(雪堂), 여정(旅亭), 주방노민(朱方老民), 운산과객(雲山過客), 채휴노포(菜畦老圃)이며 강소 단양(丹陽) 사람으로, 후에 양주(揚州)로 이주하였다. 시에 능하고 초서가 뛰어나며 고상(高翔), 왕사신(汪士愼), 고봉한(高鳳翰), 주만(朱㻫)과 교우하면서 '고한구관(高寒舊館)'에서 시화를 연구하니 '오군자(五君子)'라 불렸다. 화훼, 산석, 영모, 곤충 등 다방면에 능했으며, 필묵이 유려하고 윤이 나며 채색이 아름답다. 특히 청록산수를 잘 그렸는데 먹점을 찍고 색을 칠한 것이 조화롭고 산뜻하다.

이 산수화에서는 우뚝 솟은 산석이 산골짜기에 자리잡은 쓸쓸하고 고즈넉한 장원을 마치 천연 병풍 같이 둘러싸고 있다. 줄기와 잎이 무성한 나무들이 가득한데 나뭇가지 사이로 대나무집 한 모퉁이가 어렴풋이 보인다. 큰 나무 아래 높은 대에는 두 선비가 손을 공손히 모은 채 앉아서 참선을 하느라 시간의 흐름을 잊은 듯하다. 시냇물의 상류를 따라가다 보면 저 멀리 푸른 물결이 보이는데 강바람이 서서히 불어오는 듯하여 가슴속이 확 트이는 것 같다. "산속에선 여름에도 고뿔엘랑 걸리는 법, 고목 위의 푸른 넝쿨 대나무집 넓디넓네. 은자들은 세상만사 잊은 채로 마주 앉고, 물새들은 난간 위로 자유롭게 날아예네(山中盛夏暑風寒, 老樹蒼藤竹屋寬. 野客忘机生相對, 水禽飛上石欄干)." 이는 화가가 쓴 제시로 화가 자신이 갈망하는 은일의 경지, 즉 술을 마시고 바람을 맞으면서 풍월을 읊고, 청산과 함께하고 물과 인접하여 몸과 마음을 닦고 교양을 쌓으며, 속세의 어지러움을 멀리하는 경지를 보여준다.

이 그림에서 화가는 뛰어난 포치로 근경에서 원경으로 층층이 나아감으로써 강산의 끝없음을 나타내었는데 화면 아래는 산석을 세밀하게 묘사한 것 외에 의도적으로 시냇물을 그려 넣어 아랫부분이 무겁고 막히는 것을 피함으로써 전체 화면이 자연스럽게 관통되었다.

山中盛夏著風寒
光樹蒼陰竹徑寬
野
客主掛堂相對水
金飛上石闌干
時癸丑六月雨窗
清玉山房
柳西蕊元光識

정섭(鄭燮) 〈초벽난죽도(峭壁蘭竹圖)〉

청 | 축(軸) | 종이 | 세로 128cm 가로 41cm

Orchids and Bamboos on Cliff

By Zheng Xie | Qing Dynasty | Hanging scroll | Paper | 128cm×41cm

정섭(1693~1765년), 청대 서화가이자 문학가로, 자는 극유(克柔), 호는 판교(板橋)이며, 강소 흥화 사람이다. 어려서부터 빈곤했지만 타고난 자질이 독특하고 의분심이 있으며 자유분방하니 동년배들보다 뛰어났다. 과거에 응하여 성조 강희연간(康熙, 1662~1722년)에는 수재(秀才), 세종 옹정연간(雍正, 1723~1735년)에는 거인, 고종 건륭(乾隆) 원년(1736년)에는 진사가 되었다. 관직은 산동 유현(濰縣) 현령이었는데 농민들이 재판에 이길 수 있도록 도와 구제하다가 지방토호들의 미움을 사 파직당하였다. 관직에 오르기 전후 모두 양주(揚州)에 살면서 그림을 팔았으며 '양주팔괴(揚州八怪)' 중 한 사람이다. 서법에 뛰어났는데 전서(篆書)·예서(隷書)에 행해(行楷)를 섞어 써서 옛것은 아닌데 새것도 아니고, 예서는 아닌데 해서도 아니니 스스로 '육분반서(六分半書)'라 하였다. 들쭉날쭉하고 거침없으며 날렵하고 웅건함의 극치를 달림

으로써 일가를 이루었다. 강유위(康有爲)는 그의 글씨를 평하기를 "건륭시기에 이르러서는 이미 구학을 혐오하게 되어 동심[금농(金農)의 호, 양주팔괴 중 선두주자]과 판교는 예서를 섞어 썼으나 너무 기괴하여 흠이었다. 이는 변화를 시도했으나 변화의 방도를 잘 알지 못했기 때문이다(乾隆之世, 己厭舊學, 冬心, 板橋, 參用隷筆, 然失則怪. 此欲變而不知變者)"라고 하였다. 난초와 대나무를 잘 그렸는데 초서의 장별법(長撇法)을 사용하여 많아도 난잡하지 않고 적어도 성기지 않게 그리니 필력이 시원하고 웅건하다. 그는 시문에 뛰어났으며 시의가 새롭고 독특하였다. "사십 년이 지나도 시들지 않는 난초, 마디 백 개에 늘 푸른 대나무, 만고에도 썩지 않는 돌, 천추가 지나도 변하지 않는 사람(四十不謝之蘭, 百節常靑之竹, 万古不敗之石, 千秋不變之人)"이라 자칭하며 강인한 품성을 의탁하여 표현하였고, "내가 난초, 대나무, 돌을 그리는 것은 천하의 힘든 사람들을 위로하려는 것이지 안일한 사람들에게 보이려는 것이 아니다"라고 하였다. 전해지는 회화 작품으로는 천진시 예술박물관에 소장된 〈죽석도(竹石圖)〉(축), 상해박물관에 소장된 〈지란전성도(芝蘭全性圖)〉(축), 사천성박물관에 소장된 〈난석도(蘭石圖)〉(축)가 있고, 서예 작품으로 남경박물관에 소장된 〈초서당인절구(草書唐人絶句)〉(축)가 있다. 저서로는 『판교전집(板橋全集)』이 있다.

이 그림에는 "산속 난초는 쑥과 같이 천하여 절벽과 험한 바위에도 자란다네. 제왕의 화원처럼 따로 은덕 입지도 않고 복숭아, 자두와 봄바람을 다투지도 않는다네(山中蘭草賤如蓬, 峭壁懸崖面面通. 不向上林沾雨露, 任凭桃李占春風)"란 제시가 있고 "건륭 임자년 가을 8월 판교노인 정섭(乾隆壬子秋八月 板橋老人 鄭燮)"이란 낙관이 있다. 백문인(白文印)이 양쪽에 있는데, 하나는 '정섭인(鄭燮印)', 다른 하나는 '구판교(舊板橋)'이다. 우측 하단에는 '실암(實庵)' 및 '칠품관이(七品官耳)' 주문인(朱文印)이 양쪽에 있다. 이 그림은 독특한 구도를 취했는데 대필과 준법을 사용해 깎아지른 듯한 절벽과 그 위에 핀 난초를 그리고 난초에 호응하도록 시문을 써 넣었다. 초전(草篆)으로 산속 난초가 바람을 맞받으며 서 있는 모습을 그렸다. 난초 잎은 농묵으로 뻗쳐 그렸는데 이리저리 얽혀 흘려 그린 것 같고 꽃은 담묵으로 그려 날렵하고 아름다우니 인격이 높고 절개가 곧은 기상을 드러낸다. 대나무 잎은 웅건하고 시원하니 불굴의 기개를 드러낸다. 전체 그림은 건필(乾筆)과 습필(濕筆)을 교차하여 사용함으로써 절묘한 변화를 이룬다. 특히 담묵의 사용이 시원하고 깨끗하여 진조영(秦祖永)이 정판교의 회화를 평할 때 말한 것처럼 "붓놀림이 자유분방하여 거침없이 휘두르니 고아하면서도 굳센 맛이 있다(筆情縱逸, 隨意揮洒, 蒼勁絶倫)."

정섭(鄭燮) 〈묵죽도(墨竹圖)〉

청 | 축(軸) | 종이 | 세로 100cm 가로 58cm

Bamboos

By Zheng Xie | Qing Dynasty | Hanging scroll | Paper | 100cm×58cm

정판교가 대나무를 그린 것은 모두가 아는 일이다. 정섭은 양주화파(揚州畵派)의 일원으로서 인문주의 정신을 갖춘 화가인데 이는 그림 속 시문에서 잘 드러난다. "십 년 동안 고향집에 발길을 끊었더니, 그 사이에 대나무가 어지럽게 자랐구나. 병주의 가위가 예리하다 하지만, 세한을 이긴 대나무를 베기에는 아쉽구나(十年不到家園去, 亂竹叢生應若斯. 縱有幷州剪刀快, 未宜傷此歲寒枝)." 여기에서 우리는 판교거사의 약자를 불쌍히 여기고 빈자를 아끼는 인문정신을 느낄 수 있다. 그림으로 돌아가면 우리가 늘 보아 왔던 우뚝 솟은 모습이 아니어서 늘씬한 장대와 수려한 잎을 볼 수 없을 뿐만 아니라 상대적으로 황량한 느낌마저 든다. 그러나 이러한 황량함이 그림 속 시와 서로 맞물리면서 판교의 '죽석도'와는 또 다른 심미 효과를 얻을 수 있다.

동방달(董邦達) 〈추강황정도(秋江荒亭圖)〉

청 | 축(軸) | 종이 | 세로 85.5cm 가로 39.8cm

Deserted Pavilion on the River in Autumn

By Dong Bang-da | Qing Dynasty | Hanging scroll | Paper | 85.5cm×39.8cm

　동방달(1695~1769년), 자는 부존(孚存), 호는 동산(東山), 절강 부양(富陽) 사람이다. 옹정(雍正) 원년(1723년)에 발공(拔貢), 11년에 진사가 되었다. 편수(編修), 섬서 향시정고관(鄕試正考官), 시독학사(侍讀學士), 내각학사(內閣學士), 경연강관(經筵講官), 무회시정고관(武會試正考官), 공부상서(工部尙書), 예부상서(禮部尙書) 등 관직을 역임하였다. 임기 내에 『명사강목(明史綱目)』, 『황청문영(皇淸文穎)』을 편수하였고 중악 숭산(嵩山) 및 태호 복희씨(太昊伏羲氏) 등 여러 능의 제사를 맡았으며 『석거보급(石渠寶笈)』, 『비전주림(秘殿珠林)』, 『서청고감(西淸古鑒)』, 『열하지(熱河志)』 등 책의 편찬에 참여하였다. 시호는 문각(文恪)이다. 학식이 깊고 서예가 뛰어났으며 전예(篆隷)는 소박하고 예스러웠다. 특히 그림에 능하였는데 산수화는 원나라 사람들의 화법을 취하여 고필(枯筆)을 능숙하게 사용함으로써 웅건하고 고풍스러웠다. 이는 독창적인 기법을 새로 창조한 것으로 건륭제가 시를 지어 칭송한 것이 많다. 평론가들은 동방달의 화풍은 동원, 동기창의 맥을 이은 것으로 화가의 정종(正宗)이라 하여 세 사람을 병칭하여 '삼동(三董)'이라 하였으며 청대 '화중십철(畵中十哲)' 중 한 사람으로 불리기도 했다.

　이 그림은 필묵이 정묘한데, 직필을 주로 하고 간혹 측필로 찰염(擦染)함으로써 성기고 흩어져 보이지만 강한 필력이 있다. 필묵의 공력이 탄탄하고 뛰어나 고담묵(枯淡墨)으로 층층이 준찰을 가해 윤기가 흐르니 '고윤(枯潤)'의 묘함을 얻었다. 평원법을 사용하고 예운림(倪雲林)의 의경을 취하여 드넓고 황량하다. 수면은 물결 하나 일지 않고 거울처럼 평평하고 매끄러우니 마치 종래로 흐른 적이 없는 듯하다. 근경 강가에는 자갈이 널려 있고 잡나무가 자라고 있다. 나뭇잎을 묘사한 기법이 다양한데 쌍구협엽(雙勾夾葉)으로 그리거나 직필로 개자점(介子点)을 찍거나 긴 선으로 가볍게 스침으로써 층차가 분명하고 복잡하지만 어지럽지 않다. 풀로 지붕을 인 정자가 강가에 있으며 맞은편에는 완만한 기복을 이룬 산들과 수목 사이로 집들이 보이는데 다리 하나가 사이를 이어 주고 있다. 그림 속에는 인적 하나 없이 적막한데 마치 시공간이 정지된 듯하여 조용하고 쓸쓸한 기운이 마음속 깊은 곳을 꿰뚫는다.

　"동기창의 필의를 본받았으며 여러분의 지도를 바람. 동산 동방달(擬家文敏筆意, 爲藝老學長兄腕正. 東山董邦達)"이란 낙관이 있고 옆에는 주문(朱文)으로 '동방달(董邦達)'이라 찍혀 있다.

주립(周笠) 〈계산도(溪山圖)〉

청 | 축(軸) | 종이 | 세로 94.5cm 가로 26.5cm

Maintain and Stream

By Zhou Li | Qing Dynasty | Hanging scroll | Paper | 94.5cm×26.5cm

주립, 자는 목산(牧山), 운암(雲岩), 호는 운난외사(韵蘭外史)이며, 오현(吳縣, 현재 강소 소주) 사람으로 건륭연간(乾隆, 1736~1795년) 화단에서 이름을 떨쳤다. 죽각(竹刻) 대가 주지암(周芷岩)의 후손이다. 어려서 황정(黃鼎)에게서 사사받았으며 산수화는 원사가(元四家: 황공망, 왕몽, 오신, 예찬)를 따름으로써 화풍이 담백하면서도 아름답고 윤이 난다. 건륭 26년(1761년) 작 〈독서추수근도(讀書秋樹根圖)〉가 『청십이가산수집(淸十二家山水集)』에 수록되었고 건륭 18년(1753년) 작 〈산수도(山水圖)〉는 8면 화첩으로, 심양 고궁박물원에 소장되어 있다. 수묵화훼도 그렸는데 운수평(惲壽平)의 풍광이 있으니 우아하고 생동감이 넘친다.

이 그림은 예운림(倪雲林)을 모방하여 그린 것으로 전체 화면은 고요하고 담백하여 까마득한 느낌을 준다. 필묵이 간결하고 힘차 산색이 깊고 수려하니 도연명(陶淵明)·맹호연(孟浩然)과 같은 일파이다. 근경은 물가, 언덕, 모래톱으로 옆에는 수목이 무리를 이루고 성긴 숲에는 조그만 정원이 있는데 자세히 들여다보면 책 몇 권이 놓여 있다. 눈을 들어 멀리 바라보면 환한 하늘 아래 맑고 푸른 물이 펼쳐져 있고, 멀리 모래톱에는 소나무가 높게 솟아 있다. 이처럼 고요하고 깨끗한 곳은 오직 은일하는 고결한 선비만이 누릴 수 있을 것이다.

화가는 붓놀림이 부드럽고 가벼우며 측필에 능하였다. 예찬(倪瓚)의 기법으로 바위의 푸른 아름다움을 표현하였고, 나무줄기가 풍성하고 소나무는 시원하게 뻗었으며 형태가 아름답다. 산석은 옅은 건필(乾筆)로 자유분방하게 주름을 그렸다. 얼핏 보면 붓놀림이 미숙한 듯싶지만 실은 노련하고, 풍부한 내용을 담고 있어 간결한 붓놀림으로 많은 뜻을 표현하는 효과를 내었다.

오신(嗚晨)〈산수책(山水册)〉

청 | 서화첩 | 종이 | 세로 30cm 가로 24cm

Maintain and River

By Wu Chen | Qing Dynasty | Leaf | Paper | 30cm×24cm

오신은 생졸 연월, 생애가 분명하지 않다.

이 산수화첩은 모두 다섯 폭으로 묵필과 채색을 모두 사용하는데 그중 세 폭이 특히 뛰어나다.

그중 하나가 〈고은도(高隱圖)〉로 시부(詩賦)는 있으나 화가의 이름과 날짜가 없고 주문(朱文)으로 '수방(漱芳)'이라 찍혀 있다. 이 그림은 포치가 완벽하여 작은 것에서 큰 것을 볼 수 있다. 붓놀림이 세밀하고 힘 있으며 먼저 건필로 산석의 윤곽을 그린 후 다시 장피마준(長披麻皴)으로 구조를 완성함으로써 돌의 음양향배(陰陽向背) 변화가 풍부하다. 산기슭 아래로 울창한 잡목과 은사의 거소가 있는데 분위기가 고상하고 예스러우며 '사왕(四王)'의 필법이 보이니 농담의 변화 역시 미묘하고 풍부하다. 대부분 세필을 사용하였으나 담담하고 고즈넉한 호숫가에는 고풍스러운 분위기가 물씬 풍겨 심신을 편안하게 해준다. 작은 그림이지만 대단한 기세가 느껴진다.

두 번째는 〈죽석도(竹石圖)〉로 백문(白文)으로 '향죽거(向竹居)'라 찍혀 있다. 포치가 간결하고 적절하여 우아하며 탈속적인 운치가 엿보인다. 대나무 잎은 농묵과 담묵으로 표현하였는데 농묵으로 묘사한 부분은 색이 가득 차고 묘사가 세밀하다. 잎의 꺾임은 직필과 측필이 절묘하게 맞물려 공력이 돋보이고, 담묵으로 묘사한 부분은 층층이 점점 옅어져 공간감이 두드러진다. 바위는 담묵으로 윤곽을 그린 후 다시 건필(乾筆)로 주름을 그렸는데 붓놀림이 힘차고 시원하다. 전체적으로 붓놀림이 적으나 무게감이 느껴지고 격조 높고 우아하다.

세 번째는 〈유호도(柳湖圖)〉로 윗부분에 시 한 수와 "조영양의 백묘를 모사함(仿趙令穰白描)"이란 낙관이 있으며 주문(朱文)으로 각각 '오(吳)', '신(晨)'이라고 찍혀 있다. 구도가 간결하고 명쾌하며 평원법을 사용하였고 붓놀림이 뚜렷하며 단순하다. 건필(乾筆)로 강남 일대의 산과 호숫가 버드나무 숲 속에 자리잡은 어촌의 한가로운 분위기를 그렸는데 이 역시 격조가 고아하다. 이 그림은 중묵(重墨)을 사용하지 않고 오직 담묵으로 준찰을 가해 완성하였는데 먼 산은 선 하나를 휘게 그린 다음 일부에 주름을 그리고 바림하였다. 버드나무는 그 자태가 비할 바 없이 아름답고 필치가 힘이 있다. 호숫가 어부의 유유자적한 모습은 '어은(漁隱)'이란 주제를 돋보이게 할 뿐만 아니라 그림 속 정경을 더욱더 맑고 영롱하며 수려해 보이게 한다.

塊石蝹蜑湖州疎管氏臨風
淨牲儒消遺小聡新雨後岀
枝嫩玊碧鮮

枝挑輕
桃蹴浪
花深郭
好景日
西料人
家一帶
不是漁
家臨水
家売酒
做朝上穰
白描

윤희(允禧) 〈계수독서도(溪水讀書圖)〉

청 | 축(軸) | 종이 | 세로 86cm 가로 33.5cm

Reading by a Stream

By Yun Xi | Qing Dynasty | Hanging scroll | Paper | 86cm×33.5cm

윤희(1711~1758년), 청대 화가이자 시인이다. 자는 겸재(謙齋), 호는 자경(紫瓊), 자경도인(紫瓊道人), 구암(垢庵), 춘부거사(春浮居士) 등으로, 만족(滿族)이며 성조 현엽(玄燁, 강희황제)의 21번째 아들로 신군왕(愼郡王)에 봉해졌다. 시가 뛰어나고 서화에 능하였으며, 산수화는 붓놀림이 참신하고 빼어났으니 예찬(倪瓚)의 기법을 터득한 것이다. 수묵화훼 또한 수려하여 분위기가 고상하고 품위 있다. 전해지는 작품으로는 『중국명화보감(中國名畫寶鑒)』에 수록된 옹정 12년(1734년) 작 〈산정일장도(山靜日長圖)〉(축)와 『고금화췌(古今畫萃)』에 수록된 건륭 13년(1748년) 작 〈방일봉동관산색도(仿一峰銅官山色圖)〉(축)가 있다. 저서로는 『화간당시초(花間堂詩鈔)』, 『자경암시초(紫瓊岩詩鈔)』가 있다.

이 그림은 구도가 풍부하고 기법이 참신하며 붓이 닿는 대로 형상이 이루어지고 상을 취함에 미혹됨이 없으니 허와 실이 서로 어울려 빈 공간에도 기운이 흐른다. 조금 깊은 숲 속 오두막에는 한 고사(高士)가 기둥에 몸을 기댄 채 정신을 집중하여 책을 읽고 있다. 앞쪽 큰 나무 네 그루는 서로 엇갈리게 배열하였는데 소나무, 은행나무, 전나무, 노란 녹나무이다. 나무 아래 산석은 구륵과 준법을 사용하였는데 산석의 양지쪽에서도 붓 자국을 볼 수 있다. 화면의 중하부 좌측에는 시냇물이 돌돌 흐르고 있다. 인자(仁者)는 산을 좋아하고, 지자(智者)는 물을 좋아한다고 하니 그림 속 주인공은 인과 지를 겸비한 고사로 아마 작가 자신의 이상을 의탁한 듯하다. 옹정은 군신과 황족에 대한 통제가 엄했던 황제였다. 옹정연간 13년, 즉 12세부터 25세 사이 인격과 성격이 형성되는 시기에 황제의 아들로 또 화가로 궁 안에서 생활했던 그가 무릉도원을 동경한 것은 어찌 보면 지극히 자연스러운 일이었다. 원경은 필치마다 그 공력이 돋보인다. 최상단에는 '건륭어람지보(乾隆御覽之寶)'란 인장이 찍혀 있는데 이는 이 그림이 청나라 황실에 소장되었던 것임을 말해 준다.

장흡(張洽) 〈세한삼우도(歲寒三友圖)〉

청 | 축(軸) | 종이 | 세로 95.5cm 가로 38cm

The Tree Durable Plants of Winter-Pine, Bamboo and Meihua

By Zhang Qia | Qing Dynasty | Hanging scroll | Paper | 95.5cm×38cm

장흡(1718~?), 자는 월천(月川)[일명 옥천(玉川)], 자는 재양(在陽)], 호는 원광도사(園廣道士), 청약고어(青箬古漁), 백운도구어랑(白雲渡口漁郎)이며, 오현(吳縣, 현재 강소 소주) 사람이다. 산수화에 능하였으며 종창(宗蒼)의 조카로 그 기법을 이어받았다. 중년에 번저(藩邸, 각 지역 왕의 주거지)를 유람하며 진귀한 것들을 두루 보았고 만년에는 선원(禪院)을 마음에 두어 서하산(栖霞山) 옆에 오두막을 짓고 기거하였다.

전체적으로 이 그림은 매화, 난초, 대나무, 돌의 배치가 적절하여 시원하고 맑고 아름다우며 농담이 서로 보완되어 문인화의 청아하고 담담한 분위기가 더욱 돋보인다. 밝은 달빛 아래 대나무의 성긴 그림자가 가로놓였으며 매화 봉오리는 활짝 피었고 난초는 그 자태가 기운 넘친다. 화가는 농묵과 중묵으로 난초와 여린 대나무를 묘사하였는데 예리하고 시원하여 자신의 탄탄한 서법공력을 남김없이 보여주었다. 고필(枯筆)로 그린 보일 듯 말 듯 옅은 매화는 그 아름다운 자태가 난초와 대나무에 못지 않으니 몽롱한 달과 멀리서 서로 호응하여 보는 이로 하여금 달 밝은 밤에 고향을 그리는 쓸쓸함을 느끼게 한다. 작가가 시를 지어 그림을 완성하니 "대나무 그림자로 계단을 쓰니 먼지가 그

대로이고, 둥근 달이 바다를 꿰뚫으니 아무런 흔적도 없네(竹影掃階塵不動, 月輪穿海水無痕)"라 하였다. 이 그림은 구상이 절묘하고 시와 그림이 모두 탁월하며 필묵이 치밀한 걸작이다.

백문(白文)은 '장흡(張洽)', 주문(朱文)은 '옥천(玉川)'이라 찍혀 있다.

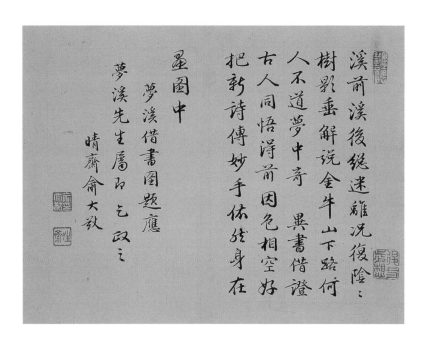

왕신(王宸) 〈몽계차서도(夢溪借書圖)〉

청 | 서화첩 | 종이 | 세로 56cm 가로 21cm

Borrowing Books

By Wang Chen | Qing Dynasty | Leaf | Paper | 56cm×21cm

　　왕신(1720~1797년), 자는 자응(子凝, 紫凝) 또는 자빙(子冰), 호는 봉심(蓬心), 봉초(蓬樵), 노봉선(老蓬仙), 유동거사(柳東居士), 봉류거사(蓬柳居士), 옥호산초(玉虎山樵), 퇴관납자(退官衲子)이며 강소 태창(太倉) 사람으로 왕원기(王原祁)의 증손이다. 시가 뛰어났고 서법은 안진경(顔眞卿)에 가까우며 산수화는 가학을 이었는데 송원(宋元)시기 화법의 영향을 많이 받았으며 황공망(黃公望)의 기법을 터득하였다. 중묵(重墨) 고필(枯筆)을 주로 썼으며 기운이 높고 예스럽다.

　　이 서화첩은 몽계(夢溪) 선생의 청으로 문인 아사(雅士)가 책을 빌리는 모습을 그린 것인데 산수화라 하나 뜻을 전하는 데 주력하여 필묵의 사용에 대해 곰곰이 눈여겨볼 만하다. 숙련된 붓놀림으로 인해 초묵(焦墨)이 세밀하고 힘 있으면서도 부드럽고 아름다우니 실로 보기 힘든 걸작이다. 왕신은 왕구(王玖), 왕소(王愫), 왕욱(王昱)과 더불어 미술사에서 '소사왕(小四王)'이라 불린다. 저서로는 『회림벌재(繪林伐材)』, 『봉심시초(蓬心詩鈔)』가 있다.

夢溪在潤州城東余家其
夢少時嫌遠築樓而東緻先
取以為歸教蓮心家先為
夢溪主人作夢溪借書
二圖余藏而賦詩白以請
政
我家〜佳夢溪頭〜歸
來妞有樓慚愧奇書與

閣架書多春欲
休一瓻那復向
人求潤州百里如
乘興旬日猶當賒
夢溪居士教時掇桂
丹徒訪夢樓先生故
云
桐城姚鼐
夢遊題請

美君湖海遍教遊暇地猶懷古
洞州一自王維品畫芥不須尋
夢到溪頭常憶客裡帶書
郵到處多〜乞借者多少藏書
人不讀讓他架工束魚餐
夢溪世講屬題
秦枚午有八十

借書獲闖日對水東流
癸丑春二月望後三日
夢樓王文治

東華塵土滿衣裾籐枝
送鞋顧久處如山深山
長夢到也在續讀十年
書　題應
夢溪先生衰　長白棺寺
夢裏溪山畫裏居煙雲竹
樹山村堰陌中絕妙分室〜境
應覓人間一卷書
夢溪借書圖題名
夢溪三元雅政
有申南方綱

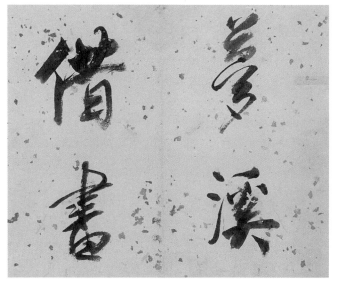

夢溪借書　圖蓬山為

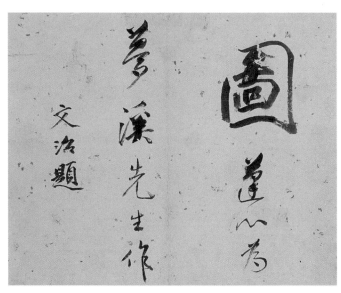

夢溪先生作
文治題

110

111

온의(溫儀)
〈송림고은도(松林高隱圖)〉
청 | 축(軸) | 종이 | 세로 122cm 가로 58cm

Living in Seclusion in a Pine Forest

By Wen Yi | Qing Dynasty | Hanging scroll | Paper | 122cm × 58cm

온의, 생졸 미상이며 자는 가상(可象), 호는 기당(紀堂)으로 삼원(三原) 사람이다. 강희 52년(1713년)에 진사가 되어 옹정연간 (雍正, 1723~1735년)에 강서성 진현지현 (進賢知縣), 패창도대(覇昌道台)를 역임하였다. 어려서부터 그림을 좋아하여 왕원기(王原祁)에게 가르침을 청하였는데 훗날 관직에서 물러나 고향으로 돌아왔을 때 그에게서 배우려는 사람들이 많았다. 저서로는 『기당선고(紀堂選稿)』, 『연유록(燕游錄)』, 『서현록(栖賢錄)』이 있다.

이 그림은 전경식 산수구도로 산과 고개들이 첩첩이 겹쳐 있지만 화면 배치가 긴밀하고 붓놀림이 치밀하고 질박하며 황공망의 장점인 짧은 피마준으로 산석을 그렸고 왕원기의 산수화 특색도 겸비했다. 산체는 웅혼한데, 피마준은 사이사이 성기고 조밀하게 표현함으로써 부드럽고 돈후하며, 질서 정연한 먹점은 농담의 변화로 층차감을 나타냈다. 나무는 예스럽고 소박하게 그림으로써 해서체의 필법이 엿보이고, 먼 산은 치밀하게 겹겹이 주름을 그려 넣어 황공망의 성기고 간략함을 치밀함으로 바꾸었다. 그림 윗부분에는 "건륭 병진년 달 밝은 밤 비 내리는 창을 바라보며 일봉노인의 풍격을 모방하여 그림. 오취죽초당에서 온의 (乾隆丙辰相月雨窗仿一峰老人筆意于梧翠.竹草堂,溫儀)"라는 낙관이 있고, 백문(白文)으로 '온의지인(溫儀之印)', 주문(朱文)으로 '가상(可象)'이라 찍혀 있다.

상선(常銑) 〈징회팔우도(澄懷八友圖)〉

청 | 권(卷) | 비단 | 세로 29cm 가로 225cm

Eight Friends in the ChengHuai Garden

By Chang Xi | Qing Dynasty | Hand scroll | Silk | 29cm×225cm

이 그림은 청나라 궁정화가 상선의 작품이다. 긴 두루마리에는 "청원 상선이 그림(清源常銑寫)"이라고만 낙관하였고 전후하여 군신과 황자들이 제사와 발문을 지었다. 징회원(澄懷園)은 원명원 동남쪽에 있는 곳으로 황실의 피서지였으며, 건륭(乾隆) 21년(1756년) 가을, 음력 7월 16일, 황제의 명으로 여러 대신들은 이곳에서 기거하며 피서하였는데 상선은 이 긴 두루마리를 그려 황제의 성은을 기렸다. 이 그림은 구

도가 합리적이고 완벽하여 사실을 묘사함에 서사시처럼 인물과 배경을 사람들 앞에 펼쳐 보인다. 전체 배경은 청록산수로 붓놀림은 세밀하고 색상은 짙으면서도 속되지 않다. 산석은 먼저 가는 선으로 윤곽을 그리고 담묵으로 주름을 그린 다음 자석(赭石), 석록(石綠)으로 색을 입혀 기존의 구륵전채와는 구별된다. 나무를 특히 세밀하게 묘사하였는데 줄기의 무늬와 잎은 모두 세필로 윤곽을 그린 후 색을 채웠으며 여러 차례 색을 칠해 농담의 변화가 있다. 인물이 많지만 주체가 확실하고 중신(重臣)이 가장 많으며 주요 인물을 그리고 착색함에 있어서 더욱 세밀하고 정확하게 하였다. 대신들은 평상복을 입은 채 더위를 식히고 있는데 형상이 정확하고 생동하며, 저마다 낚시를 하거나 그림을 감상하거나 책을 읽고 있어 분위기가 화기애애하니 한 폭의 성세 정경이다. 동시에 그림은 궁정화의 근엄하고 아름다운 예술적 경지와 부귀하고 웅장한 심미 취향을 보여준다.

영용(永瑢) 〈운산담연도(雲山淡煙圖)〉

청 | 축(軸) | 종이 | 세로 104cm 가로 48cm

Mountains around with Clouds and Mist

By Yong Rong | Qing Dynasty | Hanging scroll | Paper | 104cm×48cm

영용(1743~1790년), 건륭(乾隆)의 여섯 번째 아들로 질장친왕(質莊親王)에 봉해졌으며, 호는 구사주인(九思主人)이다. 서법은 서호(徐浩)를 따랐고 화훼는 고담하고 창일(蒼逸)하며, 산수화는 선대 은사(隱士)를 모두 배웠는데 위로는 대치(大痴, 황공망)를 연구하고 아래로는 여러 대가의 장점을 취하였다. 『청사고(淸史稿)』에는 "영용 역시 그림에 뛰어나니 자경(允禧)을 이어받고 자연의 이치에 두루 통달했다(永瑢亦工畵,濟美紫瓊,兼通天算)"라고 전해진다. 〈세조도(歲朝圖)〉를 그려 효성태후(孝聖太后)에게 바친 적이 있는데 건륭의 제시 가운데 "영원히 모친에게 효도를 다함(永綿奕載奉慈娛)"이라는 시구가 있다. 저서로는 『구사당시초(九思堂詩鈔)』, 『구발라실서화과목고(甌鉢羅室書畵過目考)』, 『팔기화록(八旗畵錄)』, 『역대화사휘전(歷代畵史彙傳)』이 있다.

청조는 정권을 강화하기 위하여 적극적인 태도로 한문화(漢文化)와 융합하려 하였고 이는 한족 지주와 지방 토호들의 지지를 얻었다. 강희(康熙), 건륭 황제는 모두 시문과 서화에 정통하였고 황족 자제들 가운데 글을 짓고 그림을 그리는 이가 적지 않았으니 영용 역시 시문, 서화에 힘을 쏟아 뛰어난 성과를 이루었다.

이 그림은 필묵이 간결하고 담백하여 황량하고 쓸쓸한 분위기인데 예운림의 의경을 취한 것이다. 평원(平遠) 구도로 강의 양쪽 기슭을 묘사함에 아득하고 고요하다. 근경은 물가에 크고 작은 돌들이 이리저리 널려 있고 고목이 여럿 있는데 성김과 조밀함, 모임과 흩어짐 그리고 서로 어우러진 자태가 어느 하나 격식에 어긋나는 것이 없다. 여러 채의 초가집이 바위와 고목 사이로 은은하게 보이지만 사람의 그림자는 보이지 않는다. 수면은 거울처럼 평평하고 매끄러우며 맞은편 기슭에는 산석이 우뚝 솟아 있다. 원경에는 산봉우리가 기복을 이루면서 끊임없이 멀리 뻗어 나가는데 먼저 마른 담묵으로 겹겹이 준찰을 가해 힘 있고 습윤하며 다시 농묵으로 먹점을 찍어 작은 나무를 표현하니 먹빛의 층차가 분명한데 소박하고 담백하면서 고윤(枯潤)한 분위기 속에 활력이 돋보인다. 다만 필력이 미치지 못하여 작고 세세하며 가냘픈 감이 있다.

"초목이 우거진 숲 속 돌다리 옆에서, 안개 속에 잠긴 운산 유연하게 바라보네. 다녀왔던 고장들과 비슷한가 더듬으며, 기슭에서 출렁이는 비취빛 물결 바라보네(茂林石磴小橋邊, 遙望雲山隔淡煙. 卻憶舊游何處似, 翠蛟溪畔看流泉)"라는 칠언절구의 제시에 "황제의 여섯 번째 아들이 찬하고 씀(皇六子幷書)"이라 낙관하였고 백문(白文)은 '황육자(皇六子)', 주문(朱文)은 '육정(陸亭)', 다른 백문(白文)으로 '질왕(質王)'이라 찍혀 있다.

해강(奚岡) 〈계산소추도(溪山素秋圖)〉

청 | 축(軸) | 종이 | 세로 130cm 가로 28.5cm

Autumn in the Mountains by a Stream

By Xi Gang | Qing Dynasty | Hanging scroll | Paper | 130cm×28.5cm

해강(1746~1803년), 청대 전각가이자 서화가로 본래 이름은 강(鋼), 자는 철생(鐵生), 순장(純章), 호는 나감(蘿龕), 접야자(蝶野子), 별호로는 학저생(鶴渚生), 몽천외사(蒙泉外史), 몽도사(蒙道士), 해도사(奚道士), 산목거사(散木居士), 동화암주(冬花庵主) 등이 있으며 원적은 안휘 신안[新安, 현재 흡현(歙縣)] 혹은 안휘 이현(黟縣)인데, 후에 절강 항주 서호에 거주하였다. 전각에 능하였고 진한(秦漢) 화풍의 영향을 받았으며 정경(丁敬)을 본받는 동시에 더욱 발전하여 풍격이 산뜻하고 의미심장하니 절파 전각가 중에 걸출한 자이다. 정경, 황역(黃易), 장인(蔣仁)과 어깨를 나란히 하여 '항군사명가(杭郡四名家)'로 불렸으며 진예종(陳豫鍾), 진홍수(陳鴻壽), 조지침(趙之琛), 전송합(錢松合)까지 하여 '서냉팔가(西冷八家)'로 불렸다. 시에 뛰어났고 서예와 회화에도 능했으나 성격이 고개(孤介)하여 의가 통하는 사람이 아니면 왕래하지 않았다. 서예는 사체(四體: 행서, 초서, 전서, 예서)가 모두 뛰어났는데 저수량(褚遂良)의 진수를 체득하여 고예(古隸, 전한의 예서)의 필의가 뛰어나 다른 이들을 넘어섰으며, 산수화는 동기창의 기법을 터득하여 소탈하고 맑고 부드러우며, 화훼는 운수평(惲壽平)의 기운이 있어 난초와 대나무가 범상하지 않으니 절파화가 중에 거두이다. 〈계산소추도(溪山素秋圖)〉, 〈초죽유란도(蕉竹幽蘭圖)〉, 〈춘림귀익도(春林歸翼圖)〉 등 축을 그렸으며, 〈초림학서도(蕉林學書圖)〉(권), 〈제금관도(題襟館圖)〉(권)가 현재 모두 고궁박물원에 소장되어 있다. 저서로는 『동화암신여고(冬花庵爐餘稿)』가 있다.

해강은 여러 관직을 역임했고 다재다능한 전각가이자 서예가이며 또한 화가였다. 회화로는 산수화와 화조화를 그렸지만 전하는 작품 중 회화가 전각에 비해 상대적으로 적다. 〈계산소추도〉는 동기창의 소탈하고 맑고 부드러운 운치를 깊이 터득한 그림으로 작가는 탄탄한 전통회화 공력을 가지고 있어 준법이 자연스럽고 기법들이 모두 숙련되어 있다. 전경에 있는 네 그루의 추목은 굽거나 꼿꼿하거나, 짙거나 옅거나, 마르거나 젖거나, 잎이 떨어지거나 잎이 달려 있거나 모두 제각각이다. 중간 부분은 자연스러움을 취함으로써 호수가 거울처럼 맑아 하늘과 물이 일색이다. 색상을 사용하지 않았으나 나무의 형태에서 짙은 가을 정취를 엿볼 수 있다. 전경에는 물 위에 오두막이 있고, 뒷부분의 집은 작은 방죽 위에 있는데 이는 화면에 일상의 정취를 더해 주었다. 전체적으로 전통 기법의 공력이 탄탄한 진귀한 산수화 작품이다.

초병정(焦秉貞) 〈황량일몽도(黃粱一夢圖)〉

청 | 축(軸) | 종이 | 세로 135cm 가로 60cm

초병정, 청대 화가이자 천문학자이며, 산동 제녕(濟寧) 사람으로 서양인 신부 아담 샬[중국 이름은 탕약망(湯若望)]의 문하생이었다. 천문에 밝았고 초상화에 능하였다. 강희황제(康熙皇帝) 시기 흠천감오관정(欽天監五官正)과 내정의 공봉을 지내면서 황제의 초상화를 그렸다. 청나라 궁정 회화기구에는 서양의 선교사들이 많았는데 흠천감은 그들을 관리하는 기구로, 초병정은 그들과 접촉하면서 점차 서양 화법을 받아들여 인물화, 산수화에서 누각을 그리는데 가까운 곳에서 먼 곳으로, 큰 것에서 작은 것으로 한 치의 오차도 없었으니 이는 투시법과 명암법을 사용하였기 때문이다. 전해지는 작품으로는 강희 35년(1696년) 부름을 받아 그린 〈경직도(耕織圖)〉(46폭)가 있는데 그림마다 위쪽에 성조 현엽(玄燁)의 시구가 있으며 판본으로 찍어 대신들에게 하사하였다. 〈열조현후고사(列朝賢后故事)〉(화첩 12폭)는 『국조원화록(國朝院畫錄)』에 등재되었고 강희 28년 작 〈지상편화의도(池上篇畫意圖)〉(축)는 『석거보급(石渠寶笈)』에 등재되었다. 옹정(雍正) 4년(1726년) 작 〈장조초상(張照肖像)〉(축)은 장정석(蔣廷錫)이 보완하여 현재 고궁박물원에 소장되어 있으며 〈추천한희도(秋千閑戲圖)〉(서화첩)는 『중국회화사도록(中國繪畫史圖錄)』(하권)에 수록되었다.

이 그림에서 화가는 숙련된 기교와 탄탄한 공력으로 나이 든 선비가 책상에 엎드려 자면서 한단지몽을 꾸는 모습을 통해 지식인에 대해 동정을 드러내는 동시에 봉건과거제도의 병폐에 대해 남김없이 폭로하였다. 세련된 형식과 기교는 내용을 전달하는 근본으로, 화가는 인물에 대한 정확하고 생동적인 묘사 외에 궁궐의 웅장하고 화려한 정경 또한 생생하게 재현하였다. 생선지(生宣紙)에 이러한 내용을 깊이 있고 세밀하게 표현하는 것은 진정한 고수만이 가능한 일이며 그 예술적 가치 또한 더 말할 나위 없이 크다.

원강(袁江) 〈강수누각도(江水樓閣圖)〉

청 | 권(卷) | 비단 | 세로 50cm 가로 63cm

Pavilions and River

By Yuan Jiang | Qing Dynasty | Hand scroll | Silk | 50cm×63cm

원강, 자는 문도(文濤), 한강(邗江, 현재 양주) 사람으로 생졸 연월은 미상이다. 소금장수를 따라 산서(山西)에 가서 그림을 그렸다. 옹정연간(雍正, 1722~1735 년) 내정의 공봉이 되었으며 누각산수화에 능하였는데 그 기법이 뛰어나 아름 답고 웅위하였다. 아들 원요(袁耀) 역시 가법을 이어 이름을 드날렸다.

이 그림은 산수화의 전통적인 화풍을 보이고 있으며 계필(界筆)로 그린 정 자·누대·누각, 배, 심산유곡, 강물과 바닷물 등 자연경관은 몽환경의 분위기 를 풍긴다. 붓놀림이 세밀하고 법도가 있으며 누각을 묘사함에 있어 비례가 정 확하니 정연하면서도 얽매이지 않는다. 명 말 동기창이 '남북종(南北宗)'론을 제기한 후 문인화 역시 중요시되었는데 후에 이런 엄밀한 화법은 사인의 기풍 이 결여되었다 하여 인기가 없었다. 옹정, 건륭 연간에 원강과 원요는 이러한 화 법을 이어받아 당시 '사왕[四王: 왕시민(王時敏)·왕감(王鑑)·왕원기(王原祁)· 왕휘(王翬)]'으로 통일된 화단에서 일가를 이루어 커다란 성과를 얻었다.

이 그림은 평원(平遠) 구도로 수면은 평평하고 매끄럽다. 근경 기슭에는 푸른 풀이 융단 같고 수목이 울창하다. 중경에는 누각과 정원 회랑이 있으니 조형이 핍진하고 비례가 정확하며 뜰에는 은자와 시동이 도를 얘기하며 차를 마시고 있다. 강에는 나룻배를 탄 어부가 그물을 쳐 고기를 잡고 은자는 뱃머리에 앉아 즐기고 있다. 원경은 산들이 기복을 이루고 있는데 그 아래 기슭이 평탄하며 집 한 채가 보일 듯 말 듯 하다.

바위는 권운준(卷雲皴)과 귀면준(鬼面皴)으로 그려 구조가 엄밀하고 무늬가 빽빽하며 기상이 비범하고 기세가 당당하다. "백세노인 들려주는 옛이야기 들 으면서, 창밖에는 신록이라 새 차 맛을 볼 때이네. 내 눈앞에 차례진 복을 제때엘 랑 누려야지. 행각승이 동냥 왔다 머슴애가 또 전하네(百歲舊人談舊事, 一窗新綠 試新茶. 眼前淸福時消受. 又報僧人來借花)"라고 칠언시를 지어 적었고 "임인년 봄 간상에서 원강이 모방함(壬寅春月邗上袁江擬意)"이라 낙관하였으며 두 개의 반원형 주문(朱文)으로 '원(袁)', '강(江)'이라 찍혀 있다.

왕소(王愫) 〈산중습정도(山中習靜圖)〉

청 | 축(軸) | 비단 | 세로 172.5cm 가로 43.5cm

Being in the Mountain

By Wang Su | Qing Dynasty | Hanging scroll | Silk | 172.5cm×43.5cm

왕소, 청대 옹정(雍正), 건륭(乾隆) 연간의 화가로 자는 존소(存素), 호는 임옥(林屋), 박려(朴廬)이며, 강소 태창(太倉) 제생(諸生)으로 소주에서 타향살이를 하였다. 산수화를 그릴 때 원나라 사람들의 필법을 배워 마른 준찰로 그리고 색을 칠하지 않았다. 왕욱(王昱), 왕구(王玖), 왕신(王宸)과 함께 '소사왕(小四王)'이라 불렸다.

그림은 가을비가 올 듯 안개가 자욱한 정경을 묘사한 것으로 산들은 엷은 비단에 싸인 듯이 어슴푸레하며 기묘하고 그윽하다. 위로는 바위가 우뚝 솟았고 아래로는 깊은 골짜기 사이로 시냇물이 졸졸 흐르며 짙은 녹음 사이 초가지붕을 인 정자와 누각이 보일 듯 말 듯 하며 고요한 정취를 드러낸다. 특히 가장 중요한 부분인 인물이 창턱에 걸터앉아 먼 산을 바라보고 있는 모습은 화면 속 시구 "산속에 좌정하여 아침에 핀 무궁화를 보네(山中習靜觀朝槿)"와 맞물려 은일한 화가의 심경을 엿볼 수 있다. 그림 속 풍경은 '볼 수 있고 머물 수 있으며 노닐 수 있는' 듯하니 보는 이로 하여금 멀리 속세를 떠나 홀가분한 경지에 이른 것같이 느끼게 한다. 전체 화면의 포치는 옛사람들의 기법을 취한 것으로 송원(宋元) 산수화의 유풍이 있다. 묵 사용이 담백하고 투명하며 일부 붓놀림은 한 번에 이어지니 필묵 사용이 자유자재이다. 일부는 먼저 담묵으로 윤곽을 그리고 다시 반복하여 준찰을 가한 후 농묵으로 먹점을 찍으니 청신하고 윤이 나며 소박하고 예스럽다.

왕학호(王學浩) 〈송음수각도(松蔭水閣圖)〉

청 | 축(軸) | 종이 | 세로 154cm 가로 48.5cm

Pine Shadow and Pavilion over the Water

By Wang Xue-hao | Qing Dynasty | Hanging scroll | Paper | 154cm×48.5cm

왕학호(1754~1832년), 자는 맹양(孟養), 호는 초휴(椒畦)이며, 강소 곤산(昆山) 사람으로 건륭(乾隆) 51년(1786년)에 거인이 되었다. 연(燕), 진(秦), 초(楚), 월(粵)을 두루 유람하였으며 산수화는 왕원기(王原祁)의 진수를 전수받아 짜임새가 치밀하고 필력에 힘이 있다. 초기에는 이예덕(李豫德)에게서 배웠으며 중년 후기부턴 사생(寫生)을 시작하여 색상이 담백하고 우아하니 스스로 소탈하고 꾸밈없는 정취는 원나라 사람들을 따른 것이라 하였다. 후세 평론가들은 "그림의 심오한 뜻을 체득하였으나 힘이 지나쳐 거침이 있다(深得畵禪精蘊, 所嫌用力太猛, 未免失之霸悍)"라고 하였다. 가경(嘉慶) 13년(1808년) 작 〈문선루(文選樓)〉(권)와 가경 7년 작 〈계산야옥도(溪山野屋圖)〉가 각각 중국미술관과 남경미술관에 소장되어 있다. 도광(道光) 6년(1826년) 작 〈산남노옥도(山南老屋圖)〉(서화첩)는 『중국명화가감(中國名畵家鑑)』에 실렸고 1923년 상무인서관(商務印書館)에서 『왕초휴화책(王椒畦畵冊)』 영인본을 출판하였다. 저서로는 『산남논화(山南論畵)』가 있다.

이 그림은 1814년에 그린 것으로 구도가 치밀하고 전통기법을 유지하면서 새로운 경지에 이르렀으며 붓놀림에 힘이 있는, 작가의 만년 걸작이다. 인물묘사에서부터 조형능력까지 물가의 정자나 나무, 돌에 대한 묘사가 모두 뛰어난 재능을 보여준다. 특히 원나라의 산수화기법을 이어받아 기법과 구상이 자연스럽고 완벽하게 융합되었다. 먼 산의 성기고 간략한 것에서부터 중경의 기묘하고 우뚝 솟은 산봉우리, 근경의 물가 정자에 있는 주인과 노복의 신분과 행동에 대한 정확하고 세밀한 묘사에 더해 전체 풍격의 고요함과 색채의 담박함, 고아함까지 종합적인 심미 효과를 낸다.

왕학호(王學浩)
〈방대치천강산수도(仿大痴淺絳山水圖)〉

청 | 축(軸) | 종이 | 세로 133cm 가로 47cm

Landscape after Huang Gongwang

By Wang Xue-hao | Qing Dynasty | Hanging scroll | Paper | 133cm×47cm

이 그림은 제목에서부터 원대(元代) 황공망의 천강법(淺絳法)을 모방하였다고 적었는데 깨끗하고 명쾌하며 청신하고 습윤한 원대 문인화의 풍격을 띠고 있다. 붓놀림이 부드럽고 힘차며 치밀함 속에 분방함이 있으며 용묵이 간결하고 시원하다. 차곡차곡 칠한 가운데 투명함이 있어 막힘이 없다. 색상은 자석(赭石)과 화청(花靑)만 사용하였는데 색과 묵이 조화를 이루어 자기만의 기묘함을 나타내니 옥석의 따뜻하고 습윤하고 함축적인 질감이 있다.

근경에는 바위가 가득하고 초목이 무성하다. 먼저 담묵으로 층층이 윤곽과 주름을 표현하고 다시 농묵으로 먹점을 찍어 질박하고 돈후하며 아득한 느낌을 준다. 수림 속에는 벽돌집 여러 채가 보일 듯 말 듯한데 경치가 수려하다. 중경은 산들이 기복을 이루어 산세가 험하고 가파르며 겹겹이 이어진 산과, 울창한 수림 속에 깊숙이 감춰져 있는 집 한 채가 근경의 집들과 호응하니 거유(居游)의 뜻을 고스란히 드러낸다. 아래, 위 산석의 중간에 여백을 두어 구름을 나타내었는데 산세를 받쳐 줌으로써 긴장감을 더해 준다.

"을해년 가을 천강법으로 대치(황공망)를 모방함. 오문화보의 한벽산장에서 숙휴 왕학호(乙亥秋日仿大痴淺絳法于吳門花步之寒碧山莊 淑畦王學浩)"란 낙관이 있으며 주문(朱文)으로 '숙휴(淑畦)', 주백문(朱白文)으로 '왕학호인(王學浩印)'이라고 찍혀 있다.

장선산(張船山) 〈희보삼원도(喜報三元圖)〉

청 | 축(軸) | 비단 | 세로 171.3cm 가로 46cm

The Three Monkeys that Bring Blessing

By Zhang Chuan-shan | Qing Dynasty | Hanging scroll | Silk | 171.3cm×46cm

장선산(1764~1814년), 이름은 문도(問陶), 자(字)는 중치(仲治), 자호(自號)는 촉산노원(蜀山老猿)이다. 건륭(乾隆)시기 진사이며 검토(檢討)를 제수받았고 관직은 내주지부(莱州知府)에 이르렀다. 시는 감정을 표현해야 한다고 주장하며 모방에 반대하였다. 작품은 대부분 일상의 느낌을 표현하였으며 그 밖에 자연의 아름다움을 읊은 시도 적지 않다. 시의 풍격은 청신하고 자연스럽지만 일부는 음울한 정서를 띠었으며 저서로는 『선산시초(船山詩草)』가 있다. 청대 성령파(性靈派) 시인으로서 사람들로부터 이백과 두보의 재현이라 높이 평가받았고, 청대 촉중(蜀中) 시인 중 으뜸으로 수많은 명문을 남겼으며, 〈영천사승루(靈泉寺僧樓)〉가 그중 하나이다. 평생 시서화에 심혈을 기울여 훌륭한 작품을 다수 남겼다.

이 그림은 '까치 세 마리, 계수나무 세 그루, 원보(元寶) 세 개가 있는 도안[喜(鵲)報三元(猿)]'을 빌려 뜻을 전한 것으로 필법이 힘차고 자유분방하여 이채롭다. 짧은 직선과 구작법(鉤斫法)을 사용하여 거침이 없고 서위(徐渭)의 필묵을 듬뿍 담아 그리니 유려하다. 깊은 골짜기와 세찬 폭포, 졸졸 흐르는 시냇물, 용틀임한 가지와 자욱한 운무, 지저귀는 까치와 뛰놀고 있는 원숭이들이 별천지를 이룬다. 특히 원숭이 세 마리를 정묘하고 생동감 있게 표현하였는데 가려운 곳을 긁고 뺨을 쓰다듬는 모습이 귀엽고 재미나며 까치를 쳐다보는 눈빛이 형형한데 의도하지 않은 속에서 정취가 그대로 묻어난다.

낙관은 '선산(船山)'이고 검(鈐)은 백문(白文)으로 '장문도인(張問陶印)'이라 찍혀 있다.

손삼석(孫三錫) 〈매화사조병(梅花四條屛)〉

청 | 축(軸) | 비단 | 세로 121.5cm 가로 31.6cm

Four Hanging Scrolls of Plum

By Sun San-xi | Qing Dynasty | Hanging scroll | Silk | 121.5cm×31.6cm

손삼석(1762~1806년), 자는 계산(桂山 혹은 桂珊), 계삼(桂三), 자총(子寵), 호는 회서(懷書), 별호는 벽호생(碧壺生), 화남일사(華南逸史)이다. 절강 평호(平湖) 사람으로 관직은 섬서 주지현(周至縣)의 현승에 이르렀다. 박학다식하며 옛것을 즐겼고 감식에 능하였으며 서예에 뛰어났는데 손과정(孫過庭)에게서 배웠고 전각은 진홍수(陳洪綬)에게서 배웠으며 절파(浙派) 화풍을 종법으로 삼았다. 문정(文鼎), 전선양(錢善揚), 조세모(曹世模)와 함께 '가화사산(嘉禾四山)', '원호사산(鴛湖四山)'이라 불렸다. 화조에도 능하였는데 강개(江介)에게 사사받아 산뜻하고 아름다우며 속됨이 없었다. 그가 찬한 『소릉비고(昭陵碑考)』(13권)가 『청사고(淸史稿)』 예문지이(藝文志二) 금석류(金石類)에 실려 있다.

이 네 폭의 그림은 붓놀림이 힘 있고 포치가 완벽하며 사의화법과 공필화법을 겸용하여 늙은 매화를 묘사하였다. 포치가 정밀한데 성긴 매화는 고매한 풍격이 있고 조밀한 매화 또한 조잡스럽지 않으며 가지가 힘차게 뻗어 있고 먹빛의 농담(濃淡) 변화도 절묘하다. 매화는 찬법(纂法)으로 그리니 고상하고 순결해 보이며 활짝 피거나 조금 피거나 망울진 것들 모두 청아하고 고결하다. 붓놀림도 매화가 핀 정도에 따라 직필, 측필을 함께 사용하였으며 농묵(濃墨)으로 꽃술을 표현하니 더욱 비범하다. 이 그림은 격조가 고아하며, 특히 단단하고 힘찬 붓놀림으로 가볍고 새하얀 매화를 표현하였으니 그 공력의 탄탄함은 말할 필요가 없다. 위에는 "고금대형대인의 지도를 바람. 경신년 6월 왕원장의 기법을 취함. 계산제 손삼석(古琴大兄大人雅屬卽希敎正. 時庚申荷月用王元章(法). 桂珊弟孫三錫)"이란 낙관이 있고, 주문(朱文)으로 '삼석(三錫)', 백문(白文)으로 "50세 이후 자호를 춘계라 함(五十后自號曰春桂)"이 찍혀 있다.

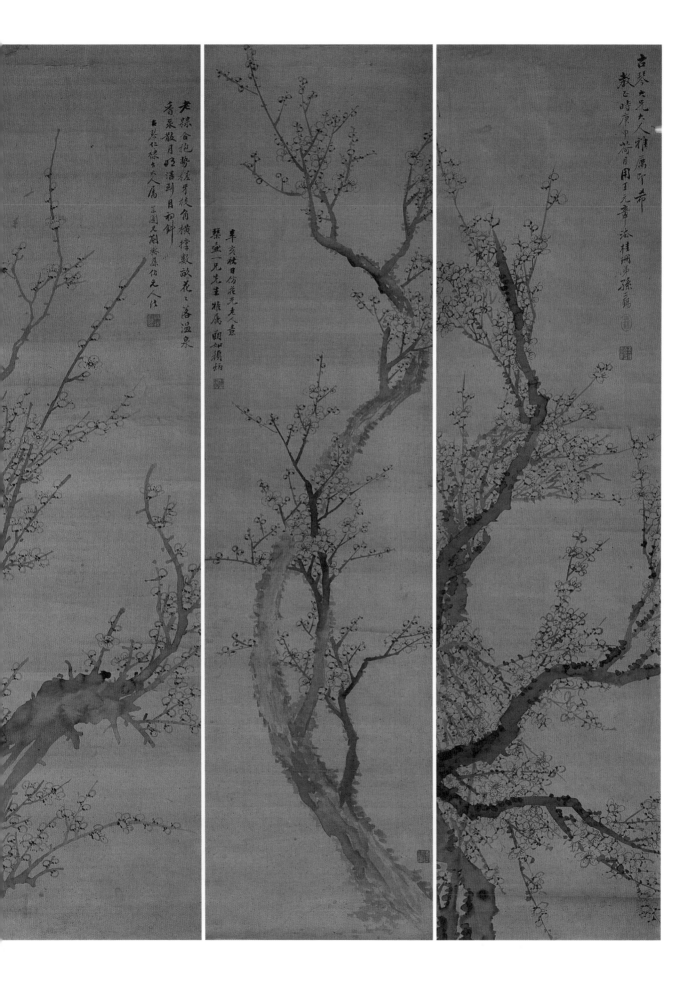

손삼석(孫三錫) 〈화조사병(花鳥四屏)〉

청 | 축(軸) | 비단 | 세로 152cm 가로 41.5cm

Four Hanging Scrolls of Flower-and-bird

By Sun San-xi | Qing Dynasty | Hanging scroll | Silk | 152cm × 41.5cm

네 폭의 화조화는 운남전(惲南田)의 몰골기법(沒骨技法)을 취함으로써 풍격이 우아하고 산뜻하면서도 격조가 있어 보고 나면 실제로 꽃향기가 나는 듯하고 샘물을 마신 듯하다. 네 폭은 각각 〈당사명춘(棠舍鳴春)〉, 〈연령팔백(延齡八百)〉, 〈여경연계(余慶延季)〉, 〈군선분수(群仙分壽)〉로 모두 상서로움을 뜻한다. 〈당사명춘(棠舍鳴春)〉은 커다란 돌이 우뚝 솟아 있고 해낭화가 조밀하게, 복단이 활짝 피어 있는 가운데 작은 새들이 지저귀고 있으니 아늑하고 따뜻한 봄기운이 가득하고, 〈연령팔백(延齡八百)〉은 영지, 안내홍(雁來紅), 푸른 측백나무의 조합으로 연장자의 장수를 기원하는 것이며 특히 앵무새(八哥)는 팔, 측백나무(柏)는 백과 발음이 같아 연장자가 '팔백'까지 장수하기를 바라는 마음을 표현하였다. 〈여경연계(余慶延季)〉는 〈연령팔백(延齡八百)〉과 동일한 의미로, 물고기[魚]와 국화[菊]의 발음은 각각 여(餘)와 계(季)의 발음과 비슷하며 붉은 잎은 나이가 들어도 건강하고 모든 일이 번창하기를 기원하고 있다. 〈군선분수(群仙分壽)〉는 수선화, 복숭아꽃, 꿩을 그린 그림으로 역시 장수를 기원하고 있다.

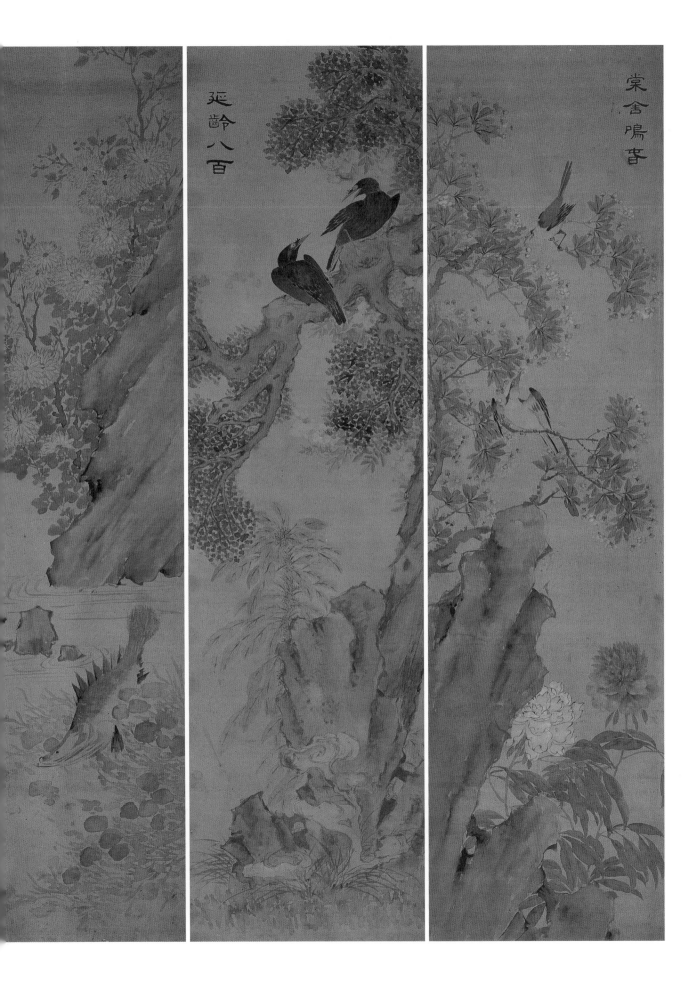

延齡八百

棠舍鳴喜

개기(改琦) 〈망월도(望月圖)〉

청 | 축(軸) | 비단 | 세로 87cm 가로 30.5cm

Full Moon

By Gai Qi | Qing Dynasty | Hanging scroll | Silk | 87cm×30.5cm

개기(1774~1829년), 자는 백온(伯蘊), 호는 향백(香白), 칠향(七薌 혹은 七香), 별호는 옥호외사(玉壺外史)이다. 조상은 서역 사람이지만 송강(松江, 현재 상해시에 속함)에 거주하여 송강 사람이라 한다. 이정경(李廷敬)이 상해에 주둔하였을 때 시문을 선도하였는데 갓 성인이 된 개기는 그 영향을 깊이 받았다. 서예에 뛰어나고 초상화에 능하였으며 그중 미인도가 각별히 뛰어났다. 묵 사용이 깔끔하여 색상이 산뜻하고 아름답다. 논자는 그를 "거칠수록 아름다우며 자유분방하면서도 예스럽다(愈拙愈媚, 跌宕入古)"라고 평하였다. 화훼, 난죽, 산수는 우아하면서 격조가 있어 사람들은 '화암(華岩)'과 같다고 하였다. 장죽산(蔣竹山)의 시구를 취하여 〈소년청우도(少年聽雨圖)〉를 그렸는데, 제시를 쓴 사람들이 많았다. 〈홍루몽도영(紅樓夢圖咏)〉 48폭은 모든 인물의 성격특징을 일일이 묘사하고 그 기법 또한 정밀하고 거침없으니 청대 삽화, 판화 중 상품(上品)이다. 전두(錢杜), 필간(畢簡), 왕홍(汪鴻)과 상련리관(桑連理館)에 모여 〈영분관도(靈芬館圖)〉(권)를 창작하였는데 『묵림금화(墨林今話)』에 수록되어 있다. 전해지는 작품으로는 현재 상해박물관에 수록된 가경(嘉慶) 25년(1820년) 작 〈사녀도(仕女圖)〉(축), 『중국회화사도록(中國繪畫史圖錄)』(하권)에 수록된 도광(道光) 3년(1823년) 작 〈전동상(錢東像)〉(축), 『중국명화집(中國名畫集)』에 수록된 〈수죽사녀도(修竹仕女圖)〉(축), 『송원명청명화대관(宋元明淸名畫大觀)』에 수록된 〈선천녀상(善天女像)〉(축)이 있으며, 1924년 유정서국(有正書局)에서 출판한 『개칠향백미희춘도권(改七香百美喜春圖卷)』 영인본이 있다. 시사에 뛰어났는데 저서로는 『옥호산방사선(玉壺山房詞選)』이 있다.

이 그림에서는 가냘픈 여인이 턱을 괴고 멀리 응시하는 모습을 그려 처량한 분위기를 은은하게 드러냈다. 이는 청대 문인화가들이 추구했던 '정숙하고 여유 있는' 여인의 모습이다. 제목은 '망월도(望月圖)'로 여인의 가족에 대한 그리움을 표현하였으니 그 뜻이 그림 밖까지 전해진다. 화가는 명확하고 굵은 선이나 농묵중채(濃墨重彩)의 운염법을 사용하지 않고 옅은 먹으로 정교한 선을 그린 후 담채를 얇게 푼 색을 사용함으로써 선이 더욱 부드럽고 세밀해 보인다. 또한 색채의 운용을 중시하여 젊은 부인의 우울한 기분을 효과적으로 표현하였다. 낙관은 "망월도, 정해년 초여름 개기(望月圖, 丁亥初夏改琦)"라 적혀 있고, '개기(改琦)'라 찍혀 있으며, 시재양(時在陽), 운수평(惲壽平), 양수(良樹)의 제사와 발문이 있다.

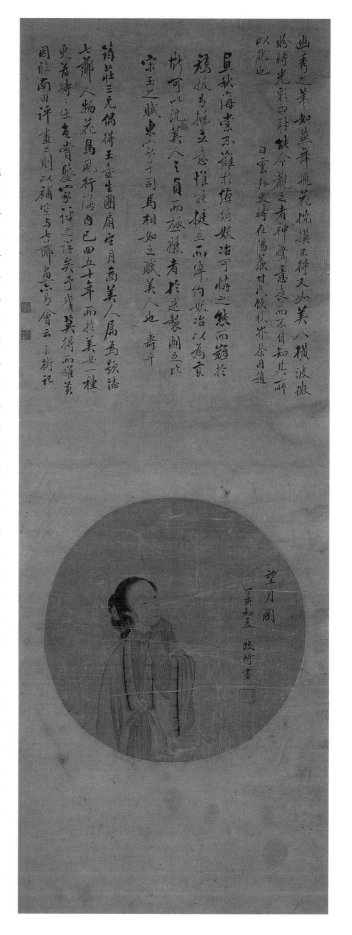

황균(黃均) 〈오죽산도(梧竹山圖)〉

청 | 권(卷) | 종이 | 세로 23.6cm 가로 185cm

Mountain Covering by Phoenix Trees and Bamboos

By Huang Jun | Qing Dynasty | Hand scroll | Paper | 23.6cm×185cm

황균(1775~1850년), 자는 곡원(穀原), 호는 향주(香疇), 묵화거사(墨華居士)이며, 강소원화(江蘇元和, 현재 소주) 사람이다. 산수화에 능한데 처음에는 황정(黃鼎)에게서 사사받았고 왕원기(王原祁)의 기법을 이어받아 왕찬(王撰)과 어깨를 나란히 하였다. 필묵 사용이 명쾌하고 운치가 있으니 화훼와 매죽(梅竹)이 산뜻하고 볼 만하다. 서예는 조맹부(趙孟頫)를 따랐다. 논자는 "애석하게도 옛사람들의 굴레에서 벗어나지 못하여 독자적인 풍격이 적다(惜爲前人所囿, 鮮出己意)"라고 평하였다. 전해지는 작품으로는 현재 고궁박물원에 소장된 가경(嘉慶) 12년(1807

년) 작 〈방혜숭산수(仿惠崇山水)〉(부채), 『진당오대송원명청명가서화집(晋唐五代宋元明淸名家書畵集)』에 수록된 28년 작 〈임조지백방북원산수(臨曹知白仿北苑山水)〉(축)가 있다. 천회각(天繪閣)에서 『황곡원방고산수정품(黃穀原仿古山水精品)』 영인본을 출판하였고, 시집으로는 『묵화암음고(墨花庵吟稿)』가 있다.

이 그림은 낙관에서 황공망의 작품을 모방한 것이라 설명하였으며, 포치가 완벽하고 평원과 심원을 사용하였다. 붓놀림이 거침없고 시원한데 산석의 준법은 거침없고 변화가 많으며 기세가 웅대하니 남종산수화의 구도를 보여준다. 그림 속 수목은 굳세 보이는데 붓놀림이 힘차기 때문이고, 수면과 먼 산은 맑고 부드러우며 날렵하고 먹빛의 변화가 풍부하고 미묘하며 거침없다. 피마준을 많이 사용하였지만 필요에 따라 변화를 주었으며 전통에 얽매이지 않아 분위기가 고풍스럽고 수려하니 화가의 공력과 수양이 대단함을 알 수 있다. 백문(白文)으로 '황균사인(黃均私印)'이라 찍혀 있다.

황균(黃均) 〈우여남객도(雨余嵐客圖)〉

청 | 축(軸) | 종이 | 세로 103cm 가로 33cm

People in Haze after the Rain

By Huang Jun | Qing Dynasty | Hanging scroll | Paper | 103cm×33cm

이 그림은 비 온 뒤 산림의 경치를 묘사한 것으로 대자연의 깨끗하고 아늑한 아름다움을 보여준다. 먼 곳엔 산이 겹겹이 싸여 있고 봉우리가 우뚝 솟았으며, 꼭대기에는 너럭바위가 엇갈려 있고 산허리에는 초가집이 어렴풋하게 보인다. 산길에는 시동이 늙은이를 부축하며 천천히 걷고 있는데 이는 이 그림의 주제인 수인과 노복이 함께 비 온 뒤 산림을 지나 친구를 방문하는 정경을 묘사한 것이다. 산기슭은 안개가 짙어 몽롱하고 시냇물은 굽이굽이 흐르며 양 기슭엔 수목이 울창한데 그 사이로 집들이 보일 듯 말 듯하다. 가까운 기슭엔 자갈들이 질서 정연하게 쌓여 있고 굳세고 힘찬 나무가 들쭉날쭉하며 그 속에는 초가집이 숨겨져 있으니 비 온 뒤 초목이 윤택하고 생기가 넘치는 모습이다. 화가는 필묵을 자유자재로 사용하였는데 필법이 신중하고 명쾌하며 묵 사용이 치밀하면서 힘이 있다. 바위는 농묵으로 윤곽을 그리고 담묵으로 음영을 표현한 뒤 다시 담묵으로 바림하고 농묵으로 먹점을 찍어 층차가 많고 변화가 풍부하다. 근경의 나무는 쌍구법(雙勾法)으로 그렸고 원경의 나무는 먹점을 찍어 표현함으로써 숲을 이룬 것처럼 보인다. 화법은 동원(董源), 거연(巨然)을 이어받았으나 자신만의 풍격과 운치를 지니고 있다.

허내곡(許乃谷) 〈봉천호청도(峰天好晴圖)〉

청 | 축(軸) | 종이 | 세로 131cm 가로 29.5cm

A Fine Day in the Mountain

By Xu Nai-gu | Qing Dynasty | Hanging scroll | Paper | 131cm×29.5cm

허내곡(1785~1835년), 자는 옥년(玉年), 호는 옥잠자(玉岑子)이며, 전당(錢塘) 사람이다. 도광(道光) 원년 거인이 되었으며 돈황지현(敦煌知縣)으로 봉직하였다. 서예와 그림으로 오월(吳越, 지금의 강소, 안휘, 절강 일대) 지역에서 이름이 알려졌으며 산수화는 동기창의 영향을 받아 수려하고 윤이 나며 묵매(墨梅)는 진홍수(陳洪綬)의 영향을 받았다.

이 그림의 포지는 전성식으로 높고 푸른 산, 맑은 샘물과 높은 곳의 폭포, 산림과 어부 등이 선명하게 보이며, 보고 나면 그곳에 가고 싶고 노닐고 싶고 머물고 싶은 충동이 인다. 건필(乾筆)을 많이 사용하였으나 습윤하고 청아한 느낌이 나며, 근경은 세로 점과 가로 점을 번갈아 사용하여 가지각색의 잡목을 생동감 있게 표현하니 청신하고 자연스럽다. 산석은 절대준(折帶皴)으로 그려 원인(元人)의 필의가 있으며 날렵하고 수려하다. 돌 사이 잡초는 산석과 서로 어우러져 화면의 전체적 통일성을 기하였다. 원경은 허실을 결합하였으며 산의 처리가 남다른데 옛사람들처럼 대필(大筆)로 바림하지 않고 표현함으로써 마치 운무와 수증기가 꽉 찬 듯하다. 전체적으로 붓놀림이 힘 있고 색상이 분명하며 의경이 심오하고 예스럽다. 낙관은 '옥금자(玉岑子)'라 적혔고, 아래에 주문(朱文)으로 '허내곡인(許乃谷印)'이라 찍혀 있다.

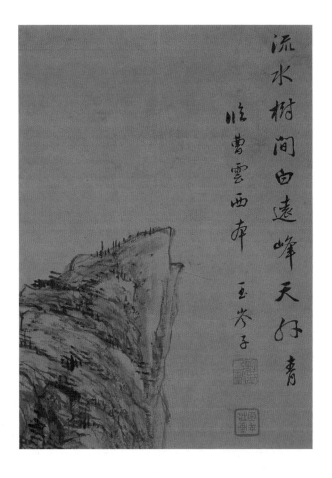

왕소(王素) 〈고사논시도(高士論詩圖)〉

청 | 축(軸) | 종이 | 세로 137cm 가로 32cm

Noble Men Exchanging Views

By Wang Su | Qing Dynasty | Hanging scroll | Paper | 137cm×32cm

왕소(1794~1877년), 자는 소모(小某), 만호(晚號)는 손지(遜之)이며, 감천(甘泉, 현재 강소 양주) 사람으로 인물, 화조에 모두 뛰어났다.

〈고사논시도〉는 전형적인 청 말 문인화로 구도가 간결하고 붓놀림이 명쾌하며 지식인들의 학문에 대한 끝없는 탐구를 담아낸 것이다. 이 그림에서 가장 두드러진 부분은 인물의 형상, 표정, 행동에 대한 묘사이다. 한 사람은 나이가 지긋하고 뚱뚱하며, 한 사람은 젊고 여위었다. 나이 든 사람은 얼굴을 정면으로 향하고 있으며 그윽한 눈빛으로 젊은이를 바라보면서 책을 가리키고 있는 모습에서 진실로 가르침에 게을리하지 않는 정신이 드러난다. 반면 젊은 학자는 온 마음을 기울여 공손히 듣고 있다. 두 시동도 귀여운데 한 명은 열심히 먹을 갈고 한 명은 손님을 대접하려 차를 준비하는 듯하다. 그림 윗부분은 아름다운 봄 경치로 수양버들이 한들거리고 복숭아꽃이 만발하며 푸른 대나무가 싱싱하다. 화면 전체에 청신함과 편안한 분위기가 넘쳐 보는 이로 하여금 마음이 후련하고 기분이 유쾌해지게 한다.

비단욱(費丹旭) 〈수조도(垂釣圖)〉

청 | 축(軸) | 비단 | 세로 130.6cm 가로 41cm

Fishing

By Fei Dan-xu | Qing Dynasty | Hanging scroll | Silk | 130.6cm×41cm

비단욱(1801~1850년), 자는 자초(子苕), 호는 효루(曉樓), 만호는 우옹(偶翁), 환저생(環渚生)이며, 오정[烏程, 현재 절강 오흥(吳興)] 사람이다. 사조(寫照)에 뛰어났는데 묘사가 핍진(逼眞)하며 풍격은 청아하고 수려하다.

이 그림은 움직임 속의 고요함을 취한 것이다. 갈대 숲 사이 반쪽이 드러난 나룻배 뱃머리에는 은사가 가부좌를 하고 앉아 낚싯대를 드리우고 깊은 생각에 잠긴 듯하다. 뒤쪽의 어린 서동은 심심함을 이기지 못해 머리를 빼어들고 장난기 가득하게 망태기를 들여다보고 있으니 잡아 올린 물고기를 하나하나 세는 듯하다. 아무런 근심 걱정이 없는 어린이의 모습과 담담하고 쓸쓸한 모습으로 깊은 생각에 잠긴 주인의 모습이 선명한 대조를 이룬다. 고기를 낚는 것이 은사의 마음속 고민을 덜고 평온과 평화를 얻는 유일한 방법인 듯하다.

비단욱은 인물화를 그릴 때 인물의 얼굴 표정 혹은 행동으로 마음을 그려내는 데 능하였다. 노인의 얼굴표정은 차분하고 태연 자약한데 옅은 자석(赭石)으로 칠하여 '묵은 필적을 따르고 색은 묵의 태를 따르니(墨隨筆痕, 色依墨態)' 필·묵·색이 하나로 융합되었다. 화법이 세밀하고 격조가 담백하고 고아한데, 특히 옷 무늬의 표현에 있어 그 붓놀림이 가늘고 힘 있으며 거침없고 필마다 이어지는 부분에 더 힘을 줌으로써 위진(魏晉)시기 표일(飄逸)한 첩학(帖學) 풍격이 있다. 이로부터 화가의 뛰어난 조형능력과 붓놀림의 공력을 알 수 있다.

비이경(費以耕)〈옥인절매도(玉人折梅圖)〉

청 | 권(卷) | 비단 | 세로 41.5cm 가로 200cm

A Beauty Plucking Plum

By Fei Yi-geng | Qing Dynasty | Hand scroll | Silk | 41.5cm×200cm

비이경(?~1870년), 자는 여백(餘伯), 오정[烏程, 현 절강 오흥(吳興)] 사람으로 비단욱의 장자이다. 가업을 이어 그림을 그렸으며 미인도를 잘 그렸고 화조그림 또한 뛰어났다.

전통회화 제재 중에서 미인은 늘 예쁜 꽃과 서로 비유되었는데, 예를 들면 얼굴은 복사꽃 같고 손가락은 난초 같나는 표현이나 꽃 중에 미인초(美人蕉)와 우미인초(虞美人草) 등이 그러하다. 매화와 미인은 모두 고상하고 순결한 정신을 반영하고, 화가는 전통회화 방식을 빌려 숙련된 제재를 그림으로써 심오한 전통문화와 전통감상 방식을 드러냈다. 그림 속 인물은 옷차림이 가볍고 산뜻하며 형상이 단아하니 진실로 "맑은 물 위에 연꽃이 피었네. 절로 그러하니 꾸밈이 없구나(清水出芙蓉. 天然去雕飾)"라고 할 만하다. 여인은 나무에 기대 서 있는데 왼손에는 매화 가지를 들고 고개를 돌려 생각에 잠긴 듯 앞을 응시하고 있다. 얼굴은 둥그렇고 깨끗하며 분홍색만 사용하여 복사꽃과 같이 아름답다. 배경에 떠 있는 보름달까지 더하여 화가는 "미인과 달이 매화를 꺾네(玉人和月折梅花)"라고 하였는데 제시와 그림이 어울려 서로 돋보인다.

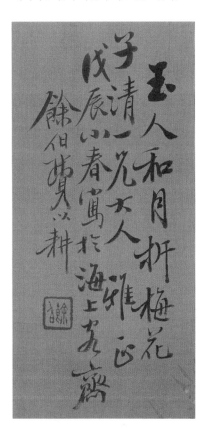

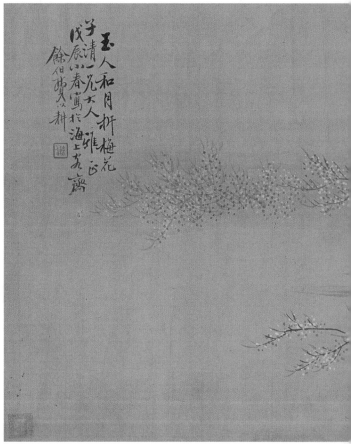

061

작자 미상 〈유안화어도(柳岸貨魚圖)〉
청 | 축(軸) | 종이 | 세로 125,5cm 가로 66,5cm

Selling Fishes on a Willow Bank

Qing Dynasty | Hanging scroll | Paper | 125.5cm × 66.5cm

　회화는 심미, 교육(즐겁게 배우고 익힘), 역사기록 작용이 있는데 〈유안화어도〉는 세 가지를 모두 갖추었다.

　이 그림은 향촌 풍속화로 어촌의 조손 삼대가 늙은 구레나룻 도붓장수와 고기를 사고파는 정경을 그린 것이다. 어선 두 척이 가지런히 강기슭에 정박해 있는데 좀 멀리 떨어진 배에선 할머니가 어린 손자를 머리 위로 추켜올려 어르고 있고 가까운 배에선 젊은 부인이 차를 끓이고 있다. 기슭에 있는 네 인물 중 저울로 물고기 무게를 다는 사람이 도붓장수이고 나머지는 어부 조손 삼대이다. 저울대에는 눈금이 있는데 오른쪽 청년은 그 눈금을 유심히 살펴보고 있고 도붓장수는 이런 청년을 웃으며 바라보는 것이 마치 만족하는지 묻는 듯하다. 왼쪽에는 할아버지와 손자가 있는데 조부는 저울의 눈금을 보고 있고 어린 손자는 할아버지가 잡고 있는 광주리를 들여다보며 손을 내밀어 그 안에 물고기를 만지작거리고 있다. 이는 화가가 심혈을 기울여 그린 그림으로 운치가 넘치면서도 음미할 가치가 있다. 기법상에서 인물형상을 정확하게 파악하였고 숙련된 수묵 사용에서 그 공력이 엿보인다.

주호(周鎬) 〈청송도(聽松圖)〉

청 | 축(軸) | 종이 | 세로 159cm 가로 47.3cm

Listening to Pines

By Zhou Hao | Qing Dynasty | Hanging scroll | Paper | 159cm×47.3cm

주호(1819~1842년), 자는 자경(子京), 강소 단도(丹徒) 사람으로 도광연간(道光, 1821~1850년)에 이름이 났으며 산수에 뛰어났는데 실경에 따라 언덕과 골짜기를 배치하였다. 전해지는 작품으로는 고오헌(古吳軒)의 『명가장선집(名家藏扇集)』에 수록된 〈고목혼아도(古木昏鴉圖)〉(부채)가 있다. 〈경강이십사경(京江二十四景)〉은 명청시기 신강(鎭江) 고성(古城)을 바탕으로 그렸다.

청대에 형성된 '경강화파(京江畵派)'는 건륭(乾隆) 중기부터 도광 말년까지 반공수(潘恭壽), 반사목(潘思牧), 장비(張肌), 고학경(顧鶴慶), 주호(周鎬) 등 명가들을 배출하였으며 '실경산수(實景山水)'를 추구함으로써 중국산수화의 혁신에 이바지하였다. 이들은 대부분 미불(米芾), 심주(沈周), 문징명(文徵明)의 영향을 받았으나 옛것만 고집하는 것이 아니라 더욱 발전시켰고, 의경과 기운을 중시함으로써 그림에 생명력을 불어넣었으니 "붓놀림이 진중하고, (그림 속) 언덕과 골짜기가 질서 있으며, 기상이 웅위한(落筆濃重, 丘壑嚴整, 氣象雄偉)" 것은 이들 전체의 공통적인 풍격이었다.

이 그림에서는 기이하고 험준한 풍경이 눈앞에 펼쳐지는데 아슬아슬한 바위는 하늘 높이 우뚝 솟았고, 세찬 폭포는 세 겹이나 된다. 물가에 지붕을 얹은 다리에는 한 늙은이가 난간에 기대 선 채 수염을 쓰다듬으며 눈을 들어 멀리 쳐다보고 있는데 상상 속에서 산 정상을 노닐고 있는 듯하다. 암벽 위 노송은 굳세고 힘찬 기세가 돋보이고, 필묵이 힘 있고 거침없으며 특히 소나무 줄기와 구불구불한 가지에서 골력이 드러난다. 화가 스스로 석전(石田)을 모방하였다고 하였으나 겉모습만 본뜬 것이 아니라 자기만의 운치를 가지고 있다. 산석은 윤곽을 그리고 노필(老筆)로 흐트러지게 그렸으며 돌에 찍은 먹점이 극히 자유분방하다. 피마준과 하엽준(荷葉皴)을 사용함에 붓놀림이 부드럽고 명쾌하면서도 거침없으며 간결하고 진중한 필묵으로 자연산천을 묘사하니 보는 이에게 시원한 느낌을 주어 정신을 맑게 한다.

백문(白文)으로 각각 '주호사인(周鎬私印)', '몽경(夢卿)', '주립(周笠)', '목산(牧山)'이라 찍혀 있다.

063

도용(陶溶) ⟨파석유황도(坡石幽篁圖)⟩
청 | 부채 | 종이 | 세로 17cm 가로 51cm

Hill Stones and Secluded Bamboo Grove
By Tao Rong | Qing Dynasty | Leaf | Paper | 17cm×51cm

　도용, 자는 경암(鏡庵), 홍상(鴻上), 홍칠(鴻七)이며, 수수[秀水, 현재 가흥(嘉興)] 사람으로 가경(嘉慶, 1795~1820년), 도광(道光, 1820~1850년), 함풍(咸豊, 1850~1861년), 동치(同治, 1861~1875년) 연간에 활동하였다. 화훼, 영모에 능하였으며 산수화도 그렸는데 색상이 화려하고 붓놀림이 명쾌하여 이름을 날렸다. 서예, 특히 소해(小楷)에 뛰어났다. 동치연간 성택(盛澤)에 거주하였고 곤궁한 가운데 졸하였다.

　이 그림은 풍경화로 잔잔한 물결마저도 없는 고요한 수면은 거울같이 매끄럽고, 기슭은 가로놓여 있으며 크고 작은 너럭바위가 엇갈려 있

다. 기슭에는 대숲이 무성한데 산들바람이 스치니 잎은 바람에 흔들리고, 무성하고 가지런한 대나무 그림자는 사람들로 하여금 왕유(王維)의 유명한 시 ⟨죽리관(竹里館)⟩을 떠올리게 한다. "홀로 고즈넉한 대숲에 앉아 거문고 뜯으며 휘파람을 부네. 아는 사람 없는 깊은 숲 속에서 휘영청 밝은 달만이 조용히 비춰주네(獨坐幽篁里, 彈琴復長嘯. 深林人不知, 明月來相照)." 구도는 평원법(平遠法)을 취하였고 깊고 고즈넉한 그림 속에는 인적이 없으니 예운림(倪雲林)의 광활함과 처량함이 있다. 붓놀림은 자연스럽고 세밀하며 먹빛은 담백하고 윤이 나면서 격조가 느껴진다.

　"정유년 늦겨울에 그림. 도용(丁酉冬秒作 陶溶)"이란 제(題)가 있고 백문(白文)으로 '도(陶)', '용(溶)'이라 찍혀 있다.

145

강수란(姜繡蘭) 〈백복전도(百福全圖)〉

청 | 권(卷) | 비단 | 세로 69cm 가로 138cm

All the Best Blessings of Butterflies

By Jiang Xiu-lan | Qing Dynasty | Hand scroll | Silk | 69cm × 138cm

이 그림은 청대 여류화가 강수란이 그린 것으로 "도광 병오년 가을 8월, 시분여사 강수란이 장안 여관 미화헌에서 씀(道光丙午秋八月, 侍芬女史姜繡蘭寫于長安旅舍之味花軒)"이란 낙관과 백문(白文)으로 '수란여사(繡蘭女史)'가 찍혀 있다. 그림은 포치가 뛰어나고 색다르며 치밀한 붓놀림으로 백여 마리 나비를 묘사하였는데 원체 화풍의 한 종류로 색채와 조형이 뛰어나다. 그림 속에는 많은 나비들이 서로 어울려 있는

데 품종이 다양하고 자태가 천태만상이니 훨훨 날려고 하는가 하면 서로 장난치며 춤추고 있어 화려하면서도 우아한 분위기를 물씬 풍긴다. 나비는 모두 몰골법(沒骨法)으로 그렸으며 색상이 화려하지만 고풍스러움을 잃지 않았다. 가장 두드러진 부분은 나비의 움직임을 세세히 포착한 완숙한 표현이다. 양 날개는 운무에 싸인 듯해 보이지만 그 무늬를 가느다란 선으로 윤곽을 그린 후 채색하고 금분으로 칠하여 날개, 촉수, 더듬이가 선명하게 나타난다. 배경 처리가 독창적인데 세필(細筆)로 풀밭을 담백하게 표현하여 지나치게 튀는 것을 피하였다. 모임과 흩어짐의 관계 처리, 채색 및 붓놀림은 모두 주제를 돋보이게 함에 모자람이 없다.

주한(周閑) 〈대리도(大利圖)〉

청 | 축(軸) | 종이 | 세로 129.5cm 가로 32.5cm

Fine Trees

By Zhou Xian | Qing Dynasty | Hanging scroll | Paper | 129.5cm × 32.5cm

주한(1820~1875년), 자는 존백(存伯), 소원(小園), 호는 범호거사(范湖居士)이며, 절강 가흥(嘉興) 사람으로 화조화와 산수화에 능하였다. 이 그림은 청신하고 풍성하며 생기가 있다. 옛사람이 이르기를 "산을 보면 정이 산에 가득하고 바다를 보면 뜻이 바다에 넘친다(觀山情滿于山, 看海意溢于海)"고 하였다. 두 그루의 나무는 형태가 독특하여 가까운 것은 굽고 뒤얽혔으며 뒤의 것은 곧고 크다. 두 그루는 가지와 잎이 앞뒤로 서로 어우러졌고 형태상에서 미학적 대비효과를 띠어 강렬한 예술적 감상효과가 생긴다.

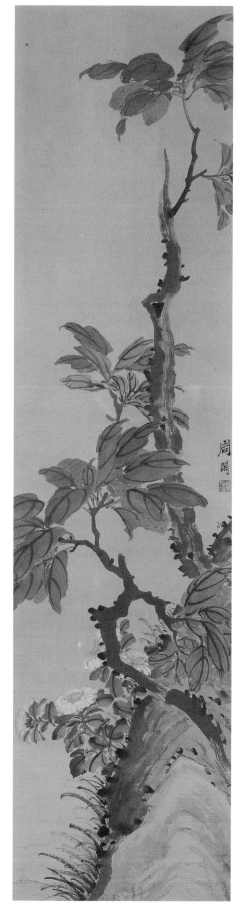

호공수(胡公壽) 〈입석도(立石圖)〉

청 | 축(軸) | 종이 | 세로 129cm 가로 42cm

Tall Standing Stone

By Hu Gong-shou | Qing Dynasty | Hanging scroll | Paper | 129cm×42cm

호공수(1823~1886년), 청대 서화가로 이름은 원(遠)이나 자를 이름으로 삼았다. 호는 소초(小樵), 수학(瘦鶴), 횡운산민(橫雲山民)이며 화정[華亭, 현재 상해시 송강(松江)] 사람으로 상해에 거주하였다. 산수화, 난죽화훼화가 뛰어났으며, 특히 매화를 즐겨 그렸는데 오래된 줄기와 무성한 가지가 병풍에 가로놓이니 기세가 드높았다. 고금 여러 대가들의 장점을 집대성하여 일가를 이루었으며 습필(濕筆)을 즐겨 사용하여 몽롱하고 수려하니 지극히 짙은 느낌을 준다. 서법은 안진경(顏眞卿), 이옹(李邕)의 영향을 받은 가운데 스스로 자기만의 풍격을 갖추었으며 희홍당본(戱鴻堂本) 『쟁좌위첩(爭座位帖)』을 얻으니 보배로 여겼다. 전해지는 작품으로는 『남화대성(南畵大成)』에 수록된 광서(光緖) 6년(1880년) 작 〈계수도(桂樹圖)〉(축)가 있다. 시도 잘 지었는데 두보의 영향을 받았고 시집으로는 『기학헌시초(寄鶴軒詩草)』가 있다.

이 그림은 1877년 작으로 필세가 힘이 있고 수묵이 홍건하며 홀로 서 있는 태호석(太湖石)과 그 위 무성한 풀이 정교하고 아름답다. 좌측 위쪽에는 "태초에 기석 하나가 화정봉에 날아왔네. 가는 도중 철선봉을 지나는데 흰 구름을 경계로 하지 않네(太始嶙峋石, 飛來華頂峰*. 相逢鐵船叟**, 不許白雲封)[*화정봉: 천태산(天台山) 주봉, **철선수: 노산(盧山)의 철선봉]"란 시가 있는데 앞의 세 구는 각각 돌의 내력과 형태를 밝힌 것이고 마지막 구는 흰 구름이 머물러 있는 것을 허용하지 않는 태초 기석의 완강한 생명력을 읊고 있다.

포화(蒲華)〈남산송백도(南山松柏圖)〉

청 | 축(軸) | 종이 | 세로 143.7cm 가로 39.6cm

Pines on the Nan Mountain

By Pu Hua | Qing Dynasty | Hanging scroll | Paper | 143.7cm×39.6cm

포화(1830~1911년), 청대 화가로 원명은 성(成), 자는 작영(作英), 호는 종죽도인(種竹道人), 서산야사(胥山野史)이며, 절강 가흥(嘉興) 사람이다. 조상은 천민으로 포화는 어렸을 때 사당에서 향불을 관리했다. 애써 독학하여 시에 능하고 서화에 뛰어났으며 처음엔 부소성(傅嘯聲)에게서 사사받았고 후에 진도복(陳道復), 서위(徐渭), 이선(李鱓)의 영향을 받았다. 상해에 거주할 당시 낡은 두루마기, 신 마니사에 기름때가 흐르고 비린내가 나 '꾀죄죄한 포씨'라 불렸으며 평생 가난하여 그림을 팔아 생활하였다. 그의 수묵산수화는 소상(瀟湘)의 안개비 등 자연에서 제재를 얻었고 화훼묵죽에 뛰어났다. 습필(濕筆)로 휘둘러 쓸어내는 데 능하였으며 수묵이 홍건하고 필력이 웅건하며 기세가 드높았다. 서법은 붓놀림이 틀에 얽매어 보수적이었다. 또한 일본에서 높은 평가를 받기도 했다. 전해지는 작품으로는 현재 상해박물관에 소장된 〈하화도(荷花圖)〉(축)와 가흥박물관에 소장된 〈동음고사도(桐陰高士圖)〉(축)가 있으며, 저서로는 『부용암선여초(芙蓉庵燹餘草)』가 있다.

〈남산송백도〉는 벗의 장수를 기원하며 그린 것으로 화가는 마음으로부터 우러나온 진심과 그 마음에 따른 거침없는 붓놀림으로 호쾌한 기분을 표현하였다. 서법의 운필로 그렸는데 먼 산과 가까운 언덕에 독특한 기운이 서렸다. 먼 곳의 산은 축축하게 적신 붓으로 넓게 먹점을 찍어 산이 끝없이 이어지는 듯하다. 근경에는 커다란 돌과 평탄한 언덕이 있고 소나무와 측백나무 사이로 붉은색 옷을 입은 한 노인이 우뚝 서서 멀리 쳐다보니 이는 벗이 송백처럼 장수하길 기원한 것이다. 습필로 휘둘러 쓸어내어 수묵이 홍건하고 필력이 힘 있다. 포화는 회화예술에서 진순(陳淳)과 서위(徐渭)를 잇는 동시에 자기만의 표현법을 개척하여 청나라 말기 화단의 옛것을 모방만 하는 보수적인 틀을 깨고 자기만의 풍격을 확립함으로써 후세 산수화 발전에 직접적인 영향을 미쳤다.

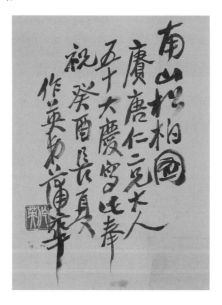

조소운(趙嘯雲)〈고결도(高潔圖)〉

청 | 축(軸) | 종이 | 세로 126.5cm 가로 30.5cm

Nobleness

By Zhao Xiao-yun | Qing Dynasty | Hanging scroll | Paper | 126.5cm×30.5cm

조소운, 전당(錢塘, 현재 항주) 제생(諸生)이다. 도도한 성격의 소유자로서 술을 즐겨 그림으로 술을 바꿔 마시기도 하였다고 한다. 화조초충 그림은 모두 생동감 있으며 서예는 저수량(褚遂良)의 영향을 받아 고아하고 운치가 있다.

이 그림 속 화훼는 자태가 우아하고 가지가 휘감겨 있으며 봉오리는 점들의 집합같고 줄기는 실오라기같이 가늘며 푸른 잎은 볼같이 부드러운데 자유분방하게 엇갈려 있어 장식미를 물씬 풍긴다. 가장 청초하고 아름다운 중간 부분의 꽃은 몰골법으로 그린 후 밝은색으로 꽃판을 덧칠하니 윤기가 나고 투명하여 마치 밤에 꽃을 피우는 정경을 감상하는 듯하고, 알알이 꽃술은 달빛에 목욕한 듯하여 아무리 봐도 질리지 않는다.

화면의 구상도 의미심장하다. 얼핏 보면 꽃밭 아래 놓인 죽순 한 광주리, 땅 위 물고기와 새우 몇 마리는 꽃들과 아무 상관 없는 듯하지만 그림 옆 화가가 쓴 시 "많은 문장 금낭 속에 집어넣어, 구름 위를 치솟았던 높은 뜻을 감추었네. 마음 비워 한동안은 물고기와 동무하여 도연명의 오두미를 거절했네(無限文章貯錦囊, 凌雲抱節盡包藏. 虛心暫做魚蝦侶, 不顧淵明五斗粮)"에서 그 의도를 알아차릴 수 있다. 아무리 재주가 뛰어나도 뜻을 펼칠 수 없으니 관료사회에 대한 실망감으로 전원에 은거하고자 하는 결심을 담고 있다. 화가는 이로부터 정신상의 초탈과 마음의 자유를 바라는 것이다.

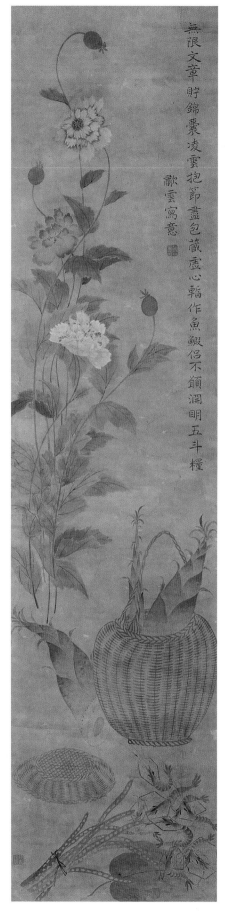

장진(張振) 〈부귀의남도(富貴宜男圖)〉

청 | 축(軸) | 비단 | 세로 128.5cm 가로 52.5cm

Peonies

By Zhang Zhen | Qing Dynasty | Hanging scroll | Silk | 128.5cm×52.5cm

　　장진(생졸 연월 미상), 일명 장진(張震)이라고도 하며 자는 춘람(春嵐), 춘만(春巒)이다. 창주(滄州) 사람으로 하공(河工)에서 주부(主簿)를 지냈다. 가법을 이어 산수, 화훼에 능하였으며 인견정(麟見亭)에게 〈반묘원도(半畝園圖)〉를 그려 준 적이 있었다.

　　수려한 돌과 만개한 목단은 역대 화가들이 즐겨 그리던 제재이다. 화면 속 기석은 붓놀림이 날렵하고 거침없으며 중묵(重墨)으로 먹점을 찍으니 기석이 굳세고 운치 있어 보이며, 목단 꽃잎은 몰골법으로 그려 자연스럽고 생동감이 있으며 윤이 나고 청아해 보인다. 가지와 잎은 그 위치가 질서 정연하게 잘 짜였고 우측 아래쪽 난초는 화청을 써 완곡하고 진중해 보인다. 채색의 농담이 적절하여 전체 그림은 명려하면서도 속되지 않은 분위기를 자아내고 있어 화가가 무척 심혈을 기울였음을 알 수 있다.

　　낙관에 나타난 것처럼 이 그림은 장진이 벗을 위하여 그린 것으로 부귀와 상서로움을 뜻하는 것이다.

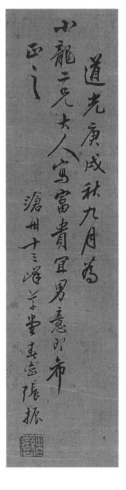

152

전혜안(錢慧安) 〈인물화훼사조병(人物花卉四條屛)〉

청 | 축(軸) | 종이 | 세로 128cm 가로 32.3cm

Four Hanging Scrolls of Characters and Flowers

By Qian Hui-an | Qing Dynasty | Hanging scroll | Paper | 128cm×32.3cm

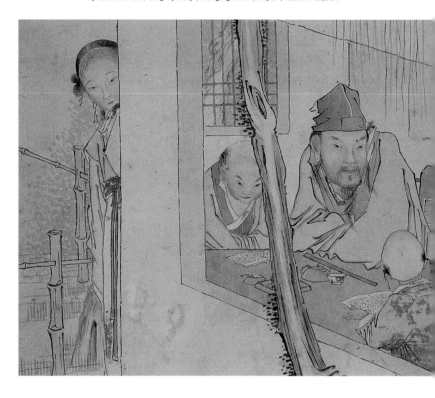

전혜안(1833~1911년), 청나라 말기 화가로, 초명은 귀창(貴昌), 자는 길생(吉生), 호는 청계초자(淸谿樵子)이며, 강소 보산(寶山, 현재 상해에 속함) 사람이다. 젊을 적에 민간 화공에게 초상화를 배우다가, 이어 개기(改琦), 비단욱(費丹旭)의 미인도를 배웠다. 진노련(陳老蓮), 상관주(上官周), 화암(華嵒), 황신(黃愼) 등 여러 대가들을 집대성하여 자기만의 풍격을 이루었으며 상해에서 그림을 팔면서 이름났다. 미인, 인물에 능하였고 화조도 겸하였는데 화풍은 민간 회화의 영향을 받아 민간에서 유행하는 제재를 특히 잘 그렸으며 북방 연화(年畵)의 중심지인 천진 양류청(楊柳靑)에서 연화를 그렸다.

네 폭 병풍에 폭마다 시 한 수를 썼는데 낙관은 모두 '청계초자, 전혜안(淸谿樵子, 錢慧安)'이며 주문(朱文)으로 '길생(吉生)'이라 찍혀 있다. 네 폭은 각각 〈월야귀래도(月夜歸來圖)〉(축), 〈석양어취도(夕陽漁炊圖)〉(축), 〈조춘채야도(早春采野圖)〉(축) 및 〈수류독서도(垂柳讀書圖)〉(축)이다. 가장 눈에 띄는 〈수류독서도〉는 "창밖의 수양버들 사람같이 둘러서서, 하루 종일 머리 숙여 글소리를 경청하네(窓前垂柳如人立, 長日低頭听讀書)"란 시구가 있으며 "임오 가평 길일에 신나산인(화암)을 모방함, 청계초자 전혜안(壬午嘉平之吉仿新羅山人本, 淸谿樵子 錢慧安)"이란 낙관에서 이 그림은 화암의 의경을 배운 것임을 알 수 있다. 구도는 간결하고 완벽하다. 그림에는 일상의 정취가 넘치며 인물 묘사는 아래위가 작고 가늘며 몸통이 둥글다. 옷 무늬는 가는 선과 건필을 사용해 그려 선이 곧고 가늘며 힘차고 얼굴에는 즐거움이 가득하다. 채색이 산뜻하고 부드러우며 훈장의 수염과 머리는 건필로 세선을 그려 생동감이 있다. 창 옆 서동들은 총기가 있고 귀여우며 서당 안 분위기는 조용하니 훈장과 서동의 단란한 분위기가 종이 위에 그대로 표현되었다. 밖에는 흰옷을 입은 청초한 소녀가 서당 안의 대화를 경청하는 듯하다. 네 사람 모두 정지된 모습이지만 마치 움직이는 듯하니 화가가 어느 한순간을 잘 포착하여 그린 것이다. 웅건한 붓놀림으로 준엄하여 창밖에 금방 싹 틀 것 같은 버드나무를 그렸는데 가지가 축 늘어진 것이 마치 훈장의 말씀을 엿듣는 듯하다. 먼 산은 고필(枯筆)로 윤곽을 그리고 대필(大筆)로 바림하여 지나치게 꾸미지 않음으로써 주제를 돋보이게 하였으니 그만의 독특함을 지녔다. 〈월야귀래도〉에는 "돌아와 저녁 먹고 난 황혼 무렵엔 도롱이도 벗지 않고 누워 밝은 달 쳐다보네. 금의지휘사 여정진을 모사함(歸來飽食黃昏后, 不脫蓑衣臥月明. 背无錦衣指揮使呂廷振洒)"이란 제사가 있다. 화가는 힘찬 붓놀림으로 세 사람을 그렸는데 한 늙은 여인이 지팡이를 짚고 담장 앞에 서 있고 옆에는 한 아이가 손가락으로 하늘의 달을 가리키고 있다. 다른 아이는 도롱이를 입은 채 마당에 쭈그리고 앉아 머리를 묻고 휴식하고 있으며 물소 한 마리가 뒤돌아 서 있는데 금방 밭에서 돌아온 듯하며 전체 분위기가 자연스럽고 생동감이 있다. 배경에는 종려나무 한 그루와 둥근 달이 청신하고 순박하며 예스럽다. 〈석양어취도〉에는 "강남, 강북의 산 그림같이 아름다운데, 어부들의 뱃노래는 석양을 바래네. 문안국의 대의를 본받음(江南江北山如畵, 欸乃聲中送夕陽. 略師文安國大意)"이란 제사가 있다. 그림 속 어부 일가 네 식구는 황혼녘 호숫가에 정박한 배 위에 있다. 안주인이 불을 지펴 밥을 하니 연기가 모락모락 나고 지붕 위에는 얼룩고양이 한 마리가 엎드려 있어 일상의 정취를 더해 준다. 인물마다 불그스레한 얼굴에 즐거운 표정을 하고 있으며 원경에는 제비 한 쌍이 날아가는 아름다운 강남풍경을 눈앞에 펼쳐 보인다. 〈조춘채야도〉에는 "멜대로 들나물 메어다가 뿌리째로 삶고 장작을 쪼개어 불 지피는데 나뭇잎을 태운다네. 화암(華嵒)을 처음 모방함(時挑野菜和根煮, 旋斫生柴帶葉燒. 初仿華秋岳本)"이란 제사가 있다. 그림에는 한 늙은 여인이 쭈그리고 앉아 들나물을 캐고 있고 그 옆에는 어린아이가 광주리를 끼고 정리하고 있다. 두 사람 옆에는 나무꾼이 지팡이에 기대 휴식하고 있다. 작은 화폭이지만 민간 풍속을 잘 드러내고 있다.

江南江北山如畫
歌乃聲中送夕陽
略師文壞圖大意
清秘稚士 錢慧作畫

窗前垂柳如人立
長日低頭聽讀書
壬午嘉平三吾佑
新涓心氷清秘畫
錢慧中畫

오석선(嗚石仙)
〈심산우후도(深山雨后圖)〉

청 | 축(軸) | 종이 | 세로 143cm 가로 63cm

Remote Mountains after Rain

By Wu Shi-xian | Qing Dynasty | Hanging scroll | Paper |
143cm × 63cm

오석선(?~1916년), 청대 화가로 자는 석선(石仙)이
며 자를 이름으로 삼았다. 호는 발묵도인(潑墨道人)이
고, 강소 금릉(金陵, 현재 강소 남경) 사람이며 상해에 거
주히였디. 산수회는 처음엔 '사왕(四王)'을 따랐으나
중시를 받지 못하였으며, 일본에서 돌아온 후 화풍이
변하여 혁신정신을 띠게 되었다. 연우가 내리는 자연
풍경을 잘 그렸는데 미불(米芾), 고극공(高克恭)의 화
법을 섞어 사용하였고 거기에 서양수채화 기법을 더
하였다. 그의 산수화는 대부분 묵운(墨暈)이 흥건하고
구름과 연기가 생동하며, 특히 비바람을 표현하는 데
능하였다. 화풍이 시대 흐름에 부합하였으며 영남화
파와 비슷하였다. 하지만 소수 그림은 붓놀림이 세밀
하고 원숙하며 매끄럽고 웅건하여 왕몽(王蒙)화법과
유사한데 이는 옛사람을 따른 작품이다.

이 그림은 오석선이 근대 이래 자주 선보인 제재로
산과 들의 비 온 뒤 청신한 풍경을 묘사한 것인데 습화
법(濕畵法)의 사용은 비 내리는 풍경을 묘사함에 특수
한 효과를 더하여 일가를 이루었다. 수묵으로 하늘을
진회색으로 칠하여 음운이 짙음을 나타내고 산과 깊
고 으슥한 골짜기의 음양향배를 세밀하게 바림하여
표현함으로써 선명한 예술성이
뛰어나다. 줄기는 대필(大筆)
로 그렸고, 묵을 덧칠하여 그린
나뭇잎은 묵 사용이 진중하고
부드러우며 농담이 적절하다.
산세를 뒤로하여 연장된 공간
은 전체 그림의 의경을 풍부하
게 해준다. "산자락엔 연기 피
고 덮인 안개 흰빛이니, 운무 낀
산허리는 검푸른 빛 감도누나
(烟拂雲梢留淡白, 氣蒸山腹出深
青)"란 자신의 제시는 보는 이
로 하여금 정신적 유쾌함과 미
학적 향수를 되새기게 한다.

156

임백년(任伯年) 〈경연수풍도(輕燕受風圖)〉

청 | 축(軸) | 종이 | 세로 120cm 가로 44cm

Swallows in Wind

By Ren Bo-nian | Qing Dynasty | Hanging scroll | Paper | 120cm×44cm

임백년(1840~1895년), 청말 화가로 원명은 윤(潤)이고, 호는 차원(次遠), 후에 이름을 이(頤)로 바꾸었다. 자는 백년(伯年), 별호는 산음도상행자(山陰道上行者), 산음도인(山陰道人)이며, 절강 산음[山陰, 현재 절강 소흥(紹興)] 사람이다. 인물, 산수, 화조 모두 능하였는데 일찍 임웅(任熊), 임훈(任薰)을 스승으로 본받고 중년에 팔대산인(八大山人), 석도(石濤), 청등(靑藤), 백양(白陽), 신라(新羅)에게 배워 풍격이 자유분방하며 서가회도화원(徐家匯圖畵院)의 유덕재(劉德齋) 등을 스승으로 삼아 소묘를 배우면서 점차 통속적이고 명쾌하며 청신한 풍격을 이루어 '해파'의 중요한 화가가 되었다.

그림 속에는 자태가 각기 다른 제비들이 엇갈려 자유롭게 날고 있으며, 제목은 "가벼운 제비가 바람을 맞은 듯하나 실은 날랜 제비가 바람에 춤을 춘다네(輕燕受風, 實則輕燕舞風)"이다. 바람은 본디 무형의 물질이어서 묘사하기 힘든데 제비들의 자태를 빌려 실로 허를 드러내며 봄바람이 부는 정경을 표현하였다. 몇 무더기의 갈대가 바람에 흔들리며 바람의 방향을 알려 줌으로써 주제를 선명히 드러내었다.

낙관에는 광서(光緒) 임오년 5월(1882년)이라고 하였으며 당시 화가는 42세로 예술적 경지가 점차 성숙해지는 시기였다. 제비들은 농묵으로 그렸는데 붓놀림이 능숙하고 진중하다. 필법은 방(方)·원(圓)·정(正)·측(側)·조(粗)·세(細)를 겸했고, 묵색은 농(濃)·담(淡)·갈(渴)·습(濕)을 거침없이 사용하였으며 채색은 흑(黑)·녹(綠)을 주로 하였다. 대필(大筆)로 짙은 녹색을 써 그린 갈대는 성김과 조밀함, 모임과 흩어짐이 적절하다. 검은 제비, 푸른 갈대에 자색(赭色)의 제비 아래턱과 주홍색 도장까지 더해짐으로써 색상이 수려하고 강렬한 대비효과도 있는데 청신한 가운데 활발한 기운이 있으며 우아하며 간결하고 명쾌한 분위기가 흐른다. 낙관은 "가벼운 제비가 바람을 맞음, 광서 임오년 5월 길일 산음 임백년(輕燕受風 光緒壬午五月吉日山陰任伯年)"이고, 주문(朱文)으로 '백년(伯年)'이, 좌측 하단에는 백문(白文)으로 '백년장수(伯年長壽)'가 찍혀 있다.

예전(倪田) 〈숙상도(驌驦圖)〉

청 | 축(軸) | 종이 | 세로 136cm 가로 67cm

Three Horses

By Ni Tian | Qing Dynasty | Hanging scroll | Paper | 136cm×67cm

예전(1855~1919년), 근대 화가로, 초명은 보전(寶田), 자는 묵경(墨耕), 호는 묵도인(墨道人), 벽월암주(壁月盦主)이며 강소 강도(江都) 사람이나 상해에 거주하면서 30년간 그림을 팔았다. 초기엔 왕소(王素)에게 사사받았으며 인물화, 미인도 및 불상은 모두 풍경을 취함에 심원하고 선 흐름이 거침없었다. 특히 말과 길짐승을 그리는 데 능하였으며 느낌대로 붓을 휘두르니 밑그림을 그리지 않았다. 광서연간(光緒, 1875~1908년)에 상해에서 장사하며 임이(任頤)의 그림을 좋아하여 그의 기법을 참조하였다. 수묵 거석과 채색한 화훼가 수려하고 부드러우면서도 힘차 한때 이름을 드날렸다. 산수화도 뛰어났으나 전해지는 작품은 많지 않다. 전해지는 작품으로는 현재 상해박물관에 소장된 〈사오창석육십육세초상(寫吳昌碩六十六歲肖像)〉(축), 『중국근백년명화집(中國近百年名畫集)』에 수록된 〈송음고사도(松陰高士圖)〉(축), 『역대서화집(歷代書畫集)』에 수록된 〈방신라산인금곡원도(仿新羅山人金谷園圖)〉(축), 서비홍기념관(徐悲鴻紀念館)에 소장된 〈종규도(鍾馗圖)〉, 중국미술관에 소장된 1901년 작 〈삼협도(三俠圖)〉(축), 북경화원(北京畫院)에 소장된 1911년 작 〈목우도(牧牛圖)〉(축) 등이 있다.

화가의 작품은 임백년의 영향을 많이 받았으며 이 그림에서 그 영향을 확실하게 느낄 수 있다. 작가는 말과 고양이 등 동물을 그릴 때 필묵으로 선을 그리기 전에 밑그림을 그리지 않았는데 이는 화가의 동물에 대한 이해와 조형 능력을 보여주는 것이다. 그림은 종려나무 숲 속의 검은색, 황색, 옅은 밤색 세 마리 준마를 그린 것으로 흑·회·백 순서에 따라 배열하였다. 말의 원근 구분은 선이 아닌 명암으로 나타냈으며 앞쪽 옅은 밤색 말의 구조는 소묘로 완성하였으니 이는 해파(海派) 화가들이 서구회화를 받아들인 것이다. 이 그림은 말들의 형태가 생동감이 있고 색상이 풍부한데 예전의 작품 중에서도 뛰어난 작품이다.

나달(羅炟) 〈정심추효도(靜深秋曉圖)〉

청 | 축(軸) | 비단 | 세로 94cm 가로 53cm

Dawn of the Deep Fall

By Luo Xuan | Qing Dynasty | Hanging scroll | Silk | 94cm×53cm

　나달, 자는 매선(梅仙), 호는 서박도인(鋤璞道人)이며 강서 사람으로 금릉(金陵, 현재 남경)에 거주하였다. 조부는 청나라 초기 유명한 산수화가이자 강서파(江西派)의 창시자인 나목(羅牧)이다. 나목은 동원(董源), 황공망(黃公望)의 영향을 받아 그림 풍격이 수려하였으며 고목과 대나무, 돌 및 추동의 경치 그리기를 좋아하였다. 나달은 가학을 이어받아 필묵이 깨끗하고 힘차며 강서파의 대표인물로 나이 여든에도 그림을 그렸다.

　이 그림의 구도는 평원(平遠)과 고원(高遠)을 결합하였고 산세는 높고 험준하며 분위기는 황량하다. 근경은 양쪽 강가를 그리고 그 사이로 작은 다리가 놓여 있다. 기슭에는 작은 나무 몇 그루가 띄엄띄엄 불규칙하게 자라고 있어 황량한 느낌을 더해 준다. 나뭇잎은 대혼점(大混点), 개자점(介字点), 송침점(松針点) 등 여러 기법을 사용하여 표현함으로써 선과 면의 대비가 분명하고 붓을 적게 썼지만 층차가 분명하다. 기슭은 평탄하고 그 위의 초가집에는 문사가 유유자적 홀로 앉아 있다. 집 뒤에는 높고 험준한 봉우리가 우뚝 솟았으며 원경의 산들은 평평하고 공간은 드넓다. 필력이 웅건하고 아름다우며 묵색이 수려하고 색상은 담자(淡赭), 화청(花靑), 황색이 도는 붉은색만을 사용하여 예스럽고 아치가 있다. "황혼 무렵 빈 정자는 사면으로 열렸는데, 시냇가엔 여기저기 찬바람이 불어치네. 가을이라 나무들은 단풍색이 물들었고, 산봉우리 청송 아래 푸른 이끼 가득하네(盡日虛亭四面開, 臨溪處處送風來. 秋山樹木成紅葉, 岭上松蒼落翠苔)"란 칠언절구와, "언화도 선생을 위해 그림. 매선 나달(畵爲彦和道先生梅仙羅炟)"이란 낙관이 있고, 백문(白文)으로 '포의나이(布衣羅二)'라고 찍혀 있다.

송백로(宋伯魯) 〈계정청휘도(溪亭淸暉圖)〉

청말 민초 | 축(軸) | 비단 | 세로 52cm 가로 35cm

Brook and Pavilion in Dawn Light

By Song Bo-lu | Late Qing Dynasty | Hanging scroll | Silk | 52cm×35cm

송백로(1854~1932년), 자는 지동(芝棟), 지전(芝田), 지둔(芝鈍)이다. 섬서 예천(禮泉) 사람으로 광서(光緖) 12년(1886년) 진사였고 한림(翰林)을 제수받았으며 유신파의 대표가 되어 국내외에 이름을 떨쳤다. 무술정변(1898년) 후 고향으로 돌아가 시, 화에 전념하였고 산수는 왕시민(王時敏)을 따름으로써 법도를 갖추었다. 붓놀림에 있어 힘의 세기에 따라 빈 공간마저 분위기를 조성함으로써 웅건하고 습윤한 가운데 수려함이 더해졌다. 화훼는 진순(陳淳), 서위(徐渭)의 운치가 있었고 서예는 유공권(柳公權), 조맹부(趙孟頫)의 기법을 조합하였으며 시력이 아주 좋아 칠순이 지나서도 승두소해(蠅頭小楷)를 쓸 수 있었는데 향년 79세였다. 저서로는 『해당선관집(海棠仙館集)』이 있다.

송백로는 전통기법에 능숙하였는데 구도가 명쾌하고 붓을 허투루 대지 않았다. 크든 작든 간에 모두 경지가 심오하여 황빈홍(黃賓虹) 선생에게서 높은 평가를 받았다. 이 그림 오른쪽 하단 네 그루의 교목은 각각 그 종류와 형태가 다르다. 엇갈려 있는 물가의 정자에는 두 고사가 무릎을 맞대고 대화하고 있다. 중간 부분에는 산맥이 준법으로 자연스럽게 그려져 있는데 산 아래는 운무가 자욱하고 수초가 무성하며 먼 산은 짙푸르다. 예서로 쓴 화제와 낙관, 행서인 기타 부분에서 작가의 숙련된 기교를 엿볼 수 있다. 하단에는 주문(朱文)으로 '둔옹(鈍翁)'이라 찍혀 있다. 이 그림은 1920~30년대 섬서 화단(畫壇)의 면모를 보여주는 작품이다.

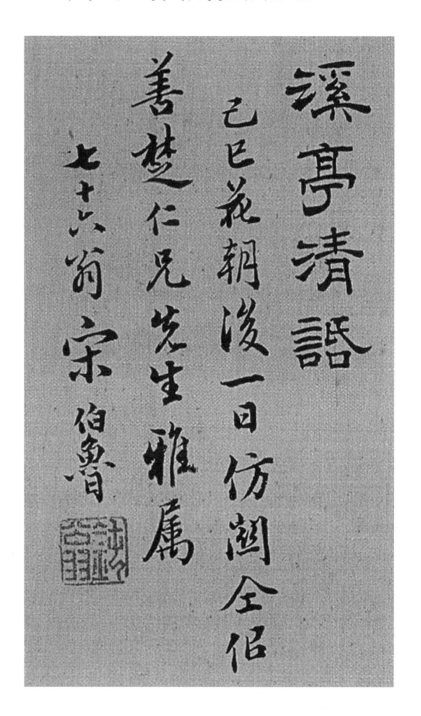

溪亭清話
己巳花朝後一日仿劎全侶
善楚仁兄先生雅屬
七十六翁 宋伯魯

161

심당(沈塘) 〈송간소하도(松間消夏圖)〉

청 | 축(軸) | 종이 | 세로 97cm 가로 38cm

Relieving summer Heat

By Shen Tang | Qing Dynasty | Hanging scroll | Paper | 97cm×38cm

　심당, 자는 연방(蓮舫), 별호는 설려(雪廬)이며, 대대로 강소 오강(吳江)에 거주하였다. 어려서부터 그림 그리기를 좋아하였고 후에 육회유(陸恢游)에게서 배웠으며 오대징(吳大澂), 장사동(張使洞)의 신임을 얻었다. 소주로 이주하니 사방에서 그림을 구하는 자들로 문턱이 낡을 시경이었다. 작가는 전각 또한 능하였다.

　이 그림에서 작가의 용묵에 대한 깊은 이해를 엿볼 수 있는데 농묵을 적게 쓰고 담묵을 많이 썼으며 담묵을 사용함에 그 유연성이 극에 달하였다. 바람을 쐬는 늙은이는 옅은 색 옷을 걸쳤고 인물의 주위환경 역시 모두 담묵으로 처리되었지만 인물이 단연 돋보인다. 붓놀림이 완숙하고 소나무나 풀 혹은 비탈이나 지반, 인물을 모두 담묵으로 경쾌하게 묘사함으로써 온통 청명한 기운이 넘친다. 이 그림의 중심은 파초선을 든 늙은이로 근접하여 보면 특별한 곳은 없지만 동태가 생동감 있다. 적은 필묵으로 늙은 농부가 혹서를 피해 집 옆 산길에서 노닐며 더위도 피하고 경치도 구경하는 장면을 그렸으며 이때 손에 든 파초선은 더위를 물리치는 데는 필요 없는 것으로 아마 모기와 메뚜기들을 쫓는 데에나 필요할 듯하다.

엽도본(葉道本)〈앵가연무도(鶯歌燕舞圖)〉

청 | 축(軸) | 종이 | 세로 163cm 가로 44cm

Orioles and Swallows

By Ye Dao—ben | Qing Dynasty | Hanging scroll | Paper | 163cm × 44cm

엽도본, 호는 하의소사(荷衣小史)로 청 광서연간(光緒, 1875~1908년)에 활약하였으며 생졸 연월은 미상이다.

이 그림은 청말부터 민국 사이에 그린 것으로 '도본(道本)'이란 낙관이 있다. 구도가 엄밀한데 화면은 우측 상부를 차지하고 다른 세 부분은 비워 두었다. 버드나무 가지와 화훼가 S형을 이루고 꾀꼬리와 제비가 또 다른 S형을 이루었으며, 두 S형이 겹쳐지면서 화면이 자연스럽고 풍부하니 조밀한 부분은 바람도 새지 않을 것 같고 성긴 부분은 말도 달릴 수 있을 것 같다. 조형이 엄밀하고 화훼, 버드나무, 꾀꼬리, 제비는 붓놀림마다 신중하며 제일 눈을 끄는 것은 여섯 마리 날짐승에 대한 묘사이다. 꾀꼬리 두 마리는 아래위에서 서로 바라보고 제비 네 마리는 자태가 각각인데 부앙이 조화롭고 같은 부분이 하나도 없다. 전체 그림에서 봄기운이 완연하다.

엽도본(葉道本) 〈옥란목단금계도(玉蘭牡丹錦鷄圖)〉

청말 민초 | 축(軸) | 종이 | 세로 181cm 가로 51cm

Yulan, Peony and Pheasant

By Ye Dao—ben | Late Qing Dynasty | Hanging scroll | Paper | 181cm×51cm

이 그림은 청말 민초에 그린 것이다. 당시 화가들은 전통 필묵을 이어받은 동시에 서구 소묘의 명암법을 받아들였으므로 그 화풍이 새롭고 생동감 있지만 전통 회화 공력이 부족한 면도 있었다. 이 그림에서 가장 박진감 있는 부분은 'S'자 형태의 주위를 둘러보는 금계(錦鷄)로 필묵이 뛰어나고 조형 공력이 높은 경지에 이르렀다. 금계의 발은 수홍에 담묵을 더하였고 발톱은 묵으로 그렸는데 색(色), 묵(墨), 형(形)의 결합이 적절하다. 새는 꽃을 감상할 정도로 총명하고 민첩하기 이를 데 없어 화가는 이러한 영물에 무한한 지혜를 부여하고 두터운 애정을 드러내 보는 사람마다 사랑할 수밖에 없는 형상을 만들어 내었다. 목단은 농담이 알맞고 목련은 교차함이 운치가 있으며 돌과 화훼가 서로 어우러져 멋스럽다. 전체 그림은 묵색을 주로 하고 색채를 더한 화조화의 걸작이다.

당계응(唐桂凝) 〈화훼추실도(花卉秋實圖)〉

청 | 축(軸) | 종이 | 세로 135cm 가로 47.5cm

Flowers and Fruits in Fall

By Tang Gui-ning | Qing Dynasty | Hanging scroll | Paper | 135cm×47.5cm

이 그림은 청대 여류화가 당계응의 작품으로 작가의 생몰 연월은 미상이다.

그림에는 '월분여사 당계응(月芬女史唐桂凝)'이란 짧은 낙관과 백문(白文)으로 된 '당계응인(唐桂凝印)'과 주문(朱文)으로 된 '월분(月芬)'이 찍혀 있다. 포치가 완벽하고 화훼와 각종 과일이 모두 몰골법(沒骨法)으로 정밀하게 그려졌다. 궁정 여류화가가 그린 것이지만 화면에선 대담하고 박력 있는 화풍이 느껴진다. 계화, 부용, 복숭아, 백합, 석류, 영지 등은 부귀, 장수, 자손이 많음을 뜻하는 것으로 모두 상서로움을 뜻한다. 이 그림에는 이런 상서로운 대상이 한가득 있지만 무질서하게 쌓아 놓은 느낌을 주지 않으며, 붓놀림이 거리낌 없고 채색이 화려하지만 속되지 않다. 석류는 대필(大筆)과 몰골법으로 그려 가장자리가 짙고 두꺼우며 중간 부분은 조금 옅어 입체감이 있다. 그중 석류씨는 사의법과 공필법을 섞어 그렸는데 색으로 점을 찍어 표현하였다. 부용은 기름진 백분(白粉)으로 그렸으며 백분 사용이 적절하여 꽃잎의 가볍고 얇은 비단 같은 질감을 잘 보여준다. 시간이 오래되어 백분이 산화되어 회색빛이 나지만 작품 전반의 청신한 분위기를 해치지 않는다. 복숭아의 채색은 더욱 교묘한데 화가는 층층이 운염(暈染)하여 색채가 점차 변하는 효과를 내었다. 복숭아 꽃술과 잎 마디 같은 세부는 소필(小筆)로 묘사함으로써 눈앞에 있는 듯하고 손에 잡힐 듯하니 여류 화가의 세밀한 풍격을 잘 드러내었다. 낙관이 좌측 하단에 있었으면 구도가 더 적절하였을 것이다.

080

오균(鳴筠) 〈산림청천도(山林清泉圖)〉

청 | 비단 | 세로 49cm 가로 42cm

Springs in the Woods

By Wu Yun | Qing Dynasty | Silk | 49cm×42cm

이 그림은 청대 화가 오균이 그린 것이다.

위에는 '오균(吳筠)'이란 짧은 낙관이 있고 백문(白文)으로 '오균지인(吳筠之印)'이라 찍혀 있으며 주문(朱文)은 해독하기 어렵다. 이 그림은 춘련(春聯, 새해에 문이나 기둥에 붙임)으로 포치가 완벽하고 적절하며 붓놀림이 세밀하고 화려한 청록산수화이다. 화풍으로 보아 화원(畵院) 화가가 그린 듯하다. 화가는 담묵과 세필로 산석의 윤곽과 주름을 그린 후 자석(赭石), 석청(石青), 석록(石綠) 등 여러 색상을 층층이 선염하여 산세의 구조와 음양향배를 그려내었고 산에 먹점을 찍을 때 겹쳐 찍어 산석의 구조를 돋보이게 하였다. 수목은 선이 세밀하고 핍진(逼眞)하며 또한 잎은 협엽법(夾葉法) · 점엽법(點葉法)을 사용해 선이 또렷하며 채색은 농담을 엇갈아 사용하여 변화가 풍부하다. 이 그림에서 정점은 산간 나무 아래 노니는 한 쌍의 꽃사슴인데 한 마리는 머리를 숙여 시냇물을 마시려 하고 다른 한 마리는 머리를 들어 쳐다보고 있어 마치 다른 한 마리를 부르는 듯하다. 두 마리 모두 형태가 생동감이 있어 산속 정취를 더해 준다. 전체 그림은 폭이 크지 않으나 풍격이 청아하고 채색이 짙지만 속되지 않으며 선염 층차가 풍부하고 붓놀림이 세밀하니 청록산수화 중 걸작이다.

증희(曾熙) 〈지수하령도(芝壽遐齡圖)〉

청말 민초 | 축(軸) | 종이 | 세로 125.5cm 가로 33cm

Longevity

By Zeng Xi | Late Qing Dynasty | Hanging scroll | Paper | 125.5cm × 33cm

증희(1861~1930년), 자는 계자(季子), 자집(子輯), 호는 사원(俟園), 만호는 농염(農髥)이며 호남 형양(衡陽) 사람이다. 일찍 이서청(李瑞淸)과 북경에서 관료로 있으면서 서예를 연구하였다. 청조가 멸망한 후 고향에 은거하다가 생계가 어려워져 이서청의 요청을 받아들여 상해에서 글을 써 팔았는데 이때부터 '남증북리(南曾北李)'라 하여 상해에서 이름을 날렸다.

이 그림은 1925년 작으로 전형적인 문인화이며 서예와 회화가 모두 뛰어나다. 평범한 소나무와 영지로 구성된 제재이지만 붓놀림이 신중하고 힘차며 거침없어서 마치 일필휘지로 완성된 듯하다. 오른쪽 하단에 "옹이 60 후에 그림(翁六十后畫)"이란 도장이 있다. 이 그림 좌측 상단에 있는 낙관에서 화가의 물 흐르는 듯한 서법 공력을 엿볼 수 있고 전체 화면에서는 전통 문인화에 대한 투철한 이해와 완숙한 필묵이 사용된 것을 알 수 있다.

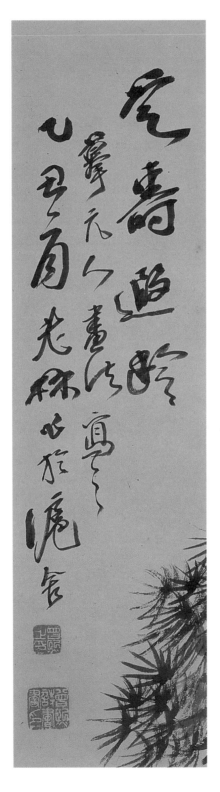

082

반천(潘泉) 〈백묘음중팔선도(白描飮中八仙圖)〉

청 | 축(軸) | 종이 | 세로 111.5cm 가로 29cm

The Eight Drinking Geniuses

By Pan Quan | Qing Dynasty | Hanging scroll | Paper | 111.5cm × 29cm

　작가의 생졸 연월은 미상이다. 이 그림은 두보의 〈음중팔선가(飮中八仙歌)〉에 근거하여 그린 것이다. 두보의 시는 천보(天寶) 5년(746년)경에 지은 것으로 시인이 처음으로 장안에 도착했을 무렵이다. 이 시는 구조가 특이한데 끊긴 듯 아닌 듯, 이어진 듯 아닌 듯하고 모두 8장으로 이루어졌지만 세련된 기운이 전체를 관통하였다. 시에는 두보의 여덟 준걸에 대한 경애가 담겨 있으며 계층이 서로 다른 여덟 주도(酒徒)의 자유분방한 모습을 집중적으로 묘사하였다. 전체적으로 차이 속에 동일함이 있고, 각자에 대한 찬미를 더해 미묘한 정취가 흐르는데 후기의 음울한 시풍과 대비되면서 성당의 시풍을 충분히 농밀하게 보여준다.

　음중팔선은 청대 화가들이 즐겨 취하던 제재이다. 이 그림은 북송화가 이공린(李公麟)의 백묘법(白描法)을 모방하여 여러 주중선(酒中仙)들의 각기 특색 있는 음주장면을 그렸는데 술고래 초수(焦遂)가 신선과 고담준론을 주고받는 장면, 소진(蘇晉)이 불상 앞에서 매무시를 바로 하고 단정하게 앉아 고개를 숙이고 사색하는 장면, 종문(宗文)이 잔을 들어 달을 청하는 장면, 장욱(張旭)이 황제 앞에서 팔을 걷어붙이고 붓을 휘두르는 장면, 하지장(賀知章)이 말을 타는 것이 마치 배에 탄 것같이 흔들려 안장에 쓰러져 있으니 말이 알아서 천천히 가는 장면, 여양[汝陽, 이진(李璡)]이 거리에서 술 파는 늙은이를 만나 군침을 흘리는 장면, 좌상[左相, 이적지(李適之)]이 침상 옆에서 질탕하게 마시고 두 시동이 옆에서 어찌할 바를 모르는 장면 등이다. 백묘법을 절묘하게 사용하여 인물 형상에 생동감이 있고 여러 인물을 엇갈리면서도 정연하게 배치하였다. 이 그림은 여덟 폭의 우수한 백묘화이다.

운수평(惲壽平) 〈산거도(山居圖)〉

청 | 축(軸) | 종이 | 세로 122cm 가로 51cm

Huts in the Mountain

By Yun Shou-ping | Qing Dynasty | Hanging scroll | Paper |
122cm×51cm

〈산거도〉는 원·명 이래 문인화(文人畵)에서 즐겨
취하던 제재로, 붓놀림이 가볍고 묵색이 풍부한 것이
특징이다. 필묵의 사용에서 시대적 특징이 드러나는
데 특히 나무의 조형과 산석의 준법에서 더 뚜렷하게
나타난다. 보고 싶고 노닐고 싶으며 머물고 싶게 만드
는 것은 중국산수화가 추구하는 이상적인 심미경계로
이 그림에서 모두 체현되었다. 산 아래는 깨끗한 초가
집 두 채가 있는데 집 앞에는 교목 몇 그루가 있고 집
뒤에는 어린 대나무가 한 무더기 있다. 산기슭에는 솔
잎이 푸르고 집 옆에는 시냇물이 졸졸 흐르고 있으며
집 뒤에서 좀 떨어진 곳에는 산간의 오솔길이 계단을
따라 뻗어 있다. 좀 더 위쪽 옴폭 파인 곳에는 수목이
무성하고 주봉 뒤에는 청산이 푸르다. 전체 그림에서
화면의 성기고 조밀함이 적절하며 여유로움이 느껴져
여기에서 필묵의 공력을 엿볼 수 있다. 우측 상단에는
운수평의 낙관이 있는데 "수묵화는 당나라 때에 시작
되어 당시 수묵화를 가장 귀하게 여겼다. 먹 한 가지 색
상만 사용하였으므로 오직 혜안만이 보아 낼 수 있었
다. 붉고 푸른 색상을 가득 발라서 현란하게 그리는 것
을 능사로 여기는 것은 수묵화와 같은 차원에 놓고 거
론할 수 없는 것이다. 임자년 동짓달 정소동헌에서 적
음. 수평(水墨先于唐人, 所以唐時最貴水墨. 以墨有一彩,
惟慧眼能辨之. 視涂紅抹綠絢爛爲快者, 不可同年語矣!
壬子臘月在靜嘯東軒題. 壽平)"이라 적혀 있다.

사마종(司馬鍾)
〈호류명금도(湖柳鳴禽圖)〉
청 | 축(軸) | 종이 | 세로 135cm 가로 64cm

A Singing Bird in the Willow Tree

By Sima Zhong | Qing Dynasty | Hanging scroll | Paper |
135cm×64cm

사마종, 청대 화가로 자는 자영(子英), 호는 수곡(綉
鵠·秀谷), 별호는 자금산초(紫金山樵)이다. 강소 상
원(上元, 현재 남경) 사람이며 관직은 직예(直隸)의 주
판(州判)에 이르렀다. 사의(寫意) 화훼와 영모를 잘 그
렸고 낙관이 호방하며 기세가 힘차고 뛰어났다. 술을
즐겨 거나한 상태에서 8척에서 1장 길이의 큰 폭을
순식간에 그림으로 채우기도 하였다. 초충과 물속 동
물을 그리는데 붓질 한두 번이면 생동감 있는 형상을
화폭에 담아내었으며, 서울로 진출하여 더욱 더 유명
해졌다. 전해지는 작품으로는 고궁박물원에 소장된
도광(道光) 16년(1836년) 작 〈매화도(梅花圖)〉(축),
『구발라실서화과목고(甌鉢羅室書畵過目考)』에 수록
된 도광 20년 작 〈해당취우도(海棠翠羽圖)〉(축), 함
풍(咸丰) 5년(1855년) 작 〈송응도(松鷹圖)〉(부채)가
있다.

이 그림은 청신하고 고상하며 서정적이면서도 아
속공상(雅俗共賞, 고아한 사람과 속인이 함께 감상할 수
있음)이 가능하다. 버들가지가 축 늘어지고 연꽃이 만
발한 가운데 구관조 한 마리가 가지를 찾아 앉으려 하
는 맑고 아름다운 봄 풍경이다. 버드나무, 연꽃, 구관
조의 묘사가 절묘하고 특히 구관조가 생동감이 넘치
는데 사마종의 걸작 중 하나임이 틀림없다.

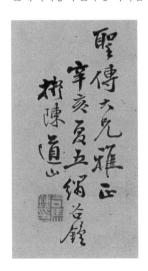

사마종(司馬鍾)〈묵백매도(墨白梅圖)〉

청 | 권(卷) | 종이 | 세로 47cm 가로 190cm

White Plum Flowers

By Sima Zhong | Qing Dynasty | Hand scroll | Paper | 47cm×190cm

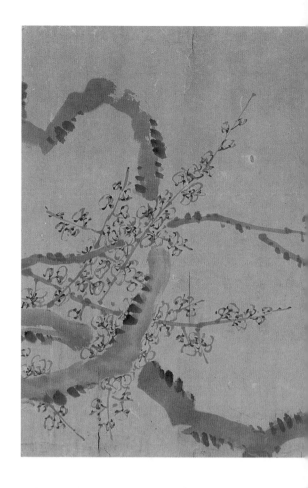

　〈묵백매도〉는 1859년 작으로 두루마리를 펴면 한기가 한가득 느껴져 실로 눈과 얼음을 하나도 담지 않았으나 온통 한기가 세차게 몰려오는 듯하다. 화가는 담묵을 사용하여 붓을 자유자재로 휘둘러 은빛세상에서 앞다퉈 만발하는 백매(白梅)를 묘사하였다. 이 그림은 변화가 적은 담묵으로 한기가 넘치고 생명력이 약동하는 의성을 만들어 냈는데 이는 청나라 중기·말기에 매화를 그리는 전형적인 풍격이다.

　사마종은 시·서·화에 모두 뛰어났는데 이 그림에는 낙관에 시 한 수를 지어 "산속 봄소식이 늦다 의아해하지 마라. 바람에 맞서 두세 가지가 이미 꽃을 피웠네. 강백석의 시구를 무척이나 좋아하여, 깨끗한 필로 새 글귀를 베끼려 한다네(莫訝山中春訊遲. 風前初放兩三枝. 爲憐白石新詞句, 滌筆冰甌試寫之)"라 읊었다.

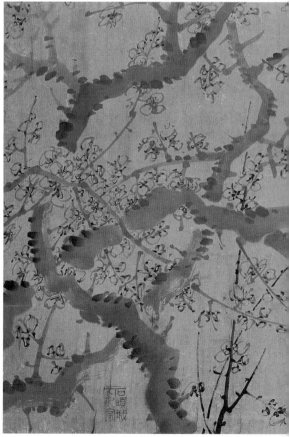

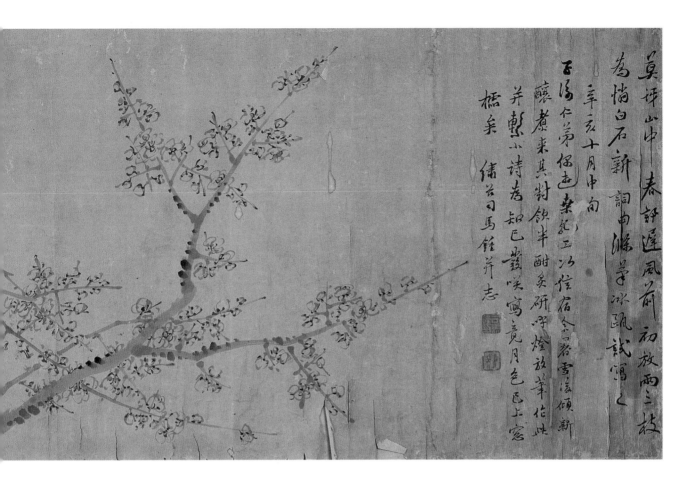

莫評山中春部遲風前初放兩三枝
為惜白石新詞由漁莊冰甌試寫之
辛亥十月中旬
百陽在第保遠秉花工以佳宿余四路雪後傾新
釀煮茶其對飲半酣矢研守燈放筆作
并製小詩卷知已蔽嘆寫竟月色已上窗
櫳矣　　繡谷司馬鈺并志

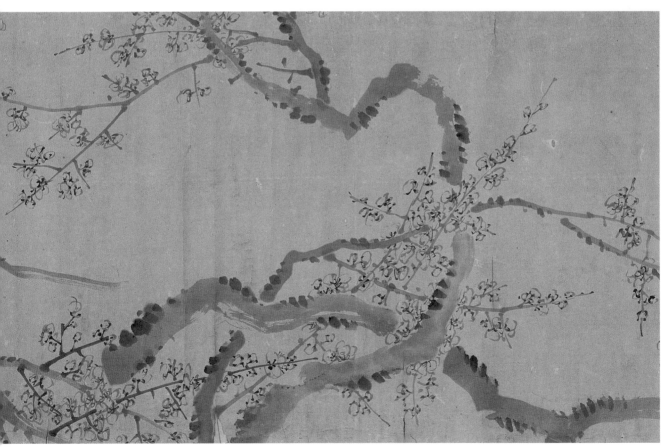

왕정재(王靜齋)〈향산취가도(香山醉歌圖)〉

청 | 축(軸) | 종이 | 세로 138cm 가로 71cm

Merrily Singing

By Wang Jing-zhai | Qing Dynasty | Hanging scroll | Paper | 138cm×71cm

화가의 생졸 연월은 미상이다.

그림에는 가냘프고 어여쁜 가녀(歌女) 두 명이 있는데 한 사람은 통소를 불고 한 사람이 박자를 맞추며 감미로운 곡을 연주하고 있고, 시인 백거이(白居易)는 거나하게 취해 몽롱한 상태에서 손으로 박자를 맞추며 아름다운 선율에 완전히 빠져든 모습이다. 인물의 표정을 세밀하게 묘사함으로써 생동감이 있으며 인물의 자태가 아름답고 조화롭다. 옷 무늬는 사의법으로 표현하여 변화가 복잡하지만 조잡하지 않으며 강렬한 율동감을 나타내어 마치 옷들도 음률에 맞춰 춤을 추는 듯하다. 필묵 사용이 깔끔하고 채색도 담백하여 우아하면서도 차분하다. 얼굴에 대한 세밀한 묘사와 옷 무늬에 대한 간략하고 호방한 묘사가 선명하게 대비되어 예술적 호소력을 높였을 뿐만 아니라 화가의 비범한 예술 수양을 보여 주었다.

오빈(嗚彬) 〈청천(聽泉)〉

청 | 축(軸) | 종이 | 세로 132cm 가로 48cm

Listening to the Sound of Streams

By Wu Bin | Qing Dynasty | Hanging scroll | Paper | 132cm × 48cm

오빈, 자는 문중(文中, 文仲), 호는 지암발승(枝庵發僧)이며, 복건 보전(莆田) 사람으로, 남경에 거주하였으며 생졸은 미상이다. 산수화, 인물화에 능하였으며 화풍은 일찍부터 정통을 따랐고 동원과 거연에서 시작하여 '원사가(元四家)', 문징명, 심주, 동기창, 진건유(陳建儒) 등의 화법을 추종하였다. 중년 이후엔 산수화 기법이 크게 변하여 옛사람들의 상투적인 틀에서 벗어나 머리카락처럼 가느다란 선으로 구조가 정밀하고 형상이 과장된 풍경을 묘사하였다. 만년 작품은 과장된 형식을 일부 버리고 자극적이지 않은 담백한 풍격으로 기울어졌다.

이 그림은 늦여름, 초가을 사이 계산(溪山) 풍경을 묘사한 것으로 먼 산은 담묵으로 홍염하고 가까운 돌은 묵필로 윤곽과 주름을 그린 후 중필(重筆)로 먹점을 찍었다. 그림 윗부분은 흰 구름이 흩날려 산뜻하고 변화무쌍하며 그 가운데 보일 듯 말 듯한 곳에서 계곡물이 산세를 따라 때론 물살이 급하게 쏟아지거나 때론 잔잔한 물결을 일으키며 천천히 흐르는데 그 수려함이 종이 위에 생생하게 표현되었다. 물가에는 높은 나무가 서로 엇갈리면서 무성한데 소나무와 잣나무는 자태가 아

름답고 생동감이 있으며, 나무 아래에는 고사가 부들방석에 정좌하여 먼지 떨이를 든 채 스스로 만족한 표정으로 사색에 잠겨 있다. 좌측 상단에는 "공후도 신선도 부럽지 않다네. 부들방석에 앉아 연년익수를 배운다네. 끝없는 물아는 무극과 같으니 조용히 천진함과 적연함을 키우네(不羨公侯不羨仙. 蒲團小坐學延年. 无邊物我同无极, 靜養天眞與寂然)"란 시가 한 수 있고 두 개의 백문인(白文印)은 각각 '오빈지인(吳彬之印)', '문중(文中)'이라 찍혀 있다. 이 그림은 포치가 엄밀하고 색상이 뛰어나며 필치가 부드럽고 힘 있으며 필묵이 기이하고 예스럽다. 전체 화면은 계곡물과 나무, 돌의 위치를 자연스럽고 절묘하게 배치하여 보는 이에게 무한한 미적 향수를 가져다준다.

진자형(秦子衡)
〈수훤일품도(壽諼一品圖)〉

청말 민초 | 축(軸) | 종이 | 세로 134.5cm 가로 57.5cm

Shou Yuan Yi Pin (Infinite Longevity)

By Qin Zi-heng | Late Qing Dynasty | Hanging scroll | Paper |
134.5cm × 57.5cm

진자형, 일명 진육기(秦毓麒)라고도 하며, 청나라
말기에 태어나 민국 시기에 활동하였다. 사의(寫意)
화조에 능하였는데 조형과 필묵에 대한 깊은 이해
와 연구가 있었다.

이 그림은 1943년 작으로 친구 모친의 장수를 기
원하며 그린 것이다. 수훤일품(壽諼一品)이란 장수
를 뜻한다. 이 그림을 펴면 청신한 분위기가 한눈에
안겨 온다. 앞에는 백합 세 송이가 만발하고 뒤에는
정미한 태호석이 정중앙에 놓여 있다. 앞부분은 화
사한 한창때를 그렸고 뒷부분은 온갖 풍파를 겪고
난 후를 그렸으며, 앞부분은 직필, 농묵을 사용하였
고 뒷부분은 측필, 담묵, 고필(枯筆)을 사용함으로
써 강렬한 대비효과를 이루었다. 이러한 대비효과
는 빛나는 부분은 더 빛나게, 어두운 부분은 더 어둡
게 하였는데 이로부터 화가가 대비효과의 상호 보
완작용을 완전히 터득하였음을 알 수 있다.

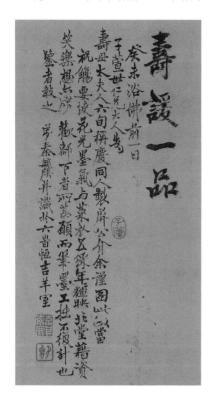

김화(金穌) 〈화조사조병(花鳥四條屛)〉

청말 민초 | 축(軸) | 종이 | 세로 179cm 가로 47cm

Four Hanging Scroll of Flower-and-bird

By Jin He | Late Qing Dynasty | Hanging scroll | Paper | 179cm×47cm

김화(1869~?년), 자는 몽석(夢石)이며 강소 오현(吳縣) 사람으로 인물화, 화훼화, 영모화에 모두 뛰어났다. 풍격은 두 종류인데 하나는 사의화로 망망하면서도 간결하여 분위기가 분방하며, 다른 하나는 공필화로 형태와 기질이 핍진하였다. 1910년 '해상서화연구회(海上書畵研究會)'가 창립되었으며 김몽석은 연구회의 일원이었다.

네 폭 병풍은 각각 〈부용백로도(芙蓉白鷺圖)〉(축), 〈계화앵무도(桂花鸚鵡圖)〉(축), 〈군작봉선도(群雀鳳仙圖)〉(축)와 〈추국□암도(秋菊□鶴圖)〉(축)로 모두 사의법으로 꽃과 나무를 표현하였다. 꽃은 몰골법으로 묘사하였고 날짐승은 사실적인 묘사에 공을 들였으며 움직임의 포착이 뛰어났다. 그중 〈계화앵무도〉가 특히 두드러지는데 낙관에는 "남해에서 자라는 계수나무, 꽃향기 먼 산 너머까지 풍기네. 아침 일찍 하늘 위에 보이니, 달 속에 있나 의심해 보네. 오군금화[桂樹生南海, 芳香隔遠山. 今朝天上見, 疑是月中攀. 吳郡金穌(和)]"라 적혀 있고 인장은 해독이 불가능하다. 이 그림은 흰색 앵무새 한 마리가 계수나무에 내려앉는 순간을 포착한 것으로 앵무새는 사랑스럽고 계화는 수려하여 아취가 느껴진다. 전체 그림은 포치가 완벽하고 풍격이 청신하다. 화면 아래의 괴석은 붓놀림이 웅건한데 초묵(焦墨)을 쓰지 않았음에도 굳고 단단한 느낌이 난다. 준법(皴法)은 행초(行草)의 필의가 느껴지며 담묵과 담자석(淡赭石)으로 운염하였다. 중간 부분 계수나무 가지는 군세고 힘차며, 나뭇잎은 몰골법으로 묘사하여 음양향배 관계가 정확하여 습윤하고 생기 있어 보인다. 앵무새가 날개를 치며 나뭇가지 위에 내려앉아 고개를 숙이고 날개를 정리하고 있는 모습을 절묘한 필치로 묘사하였는데 주사(朱砂)를 조금 묻혀 말린 혀를 표현하니 그 귀여움과 생동감이 배가된다. 붓을 얼마 사용하지 않았음에도 묘사 대상의 형태와 기질을 모두 현실감 있게 표현하였으니 화가의 뛰어난 사생능력과 움직임을 포착하는 능력이 드러난다. 전체 그림은 생동감이 있고 자연스러우며 일상의 정취를 물씬 풍긴다.

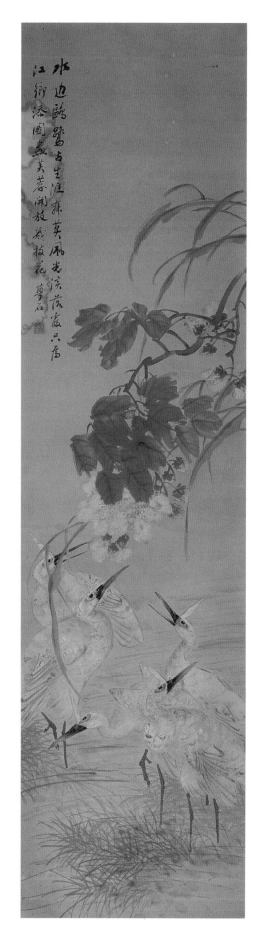

179

석수정(石壽貞) 〈사의화조도(寫意花鳥圖)〉

청말 민초 | 축(軸) | 종이 | 세로 180cm 가로 47cm

Four Hanging scroll of Flower-and-bird

By Shi Shou-zhen | Late Qing Dynasty | Hanging scroll | Paper | 180cm×47cm

　석수정, 자는 자고(子固), 호는 송암(松岩)이다.

　이 그림들은 1896년 작이다. 첫 번째는 〈부귀일품도(富貴一品圖)〉로 아래위로 상서로운 구름이 감도는 가운데 활짝 핀 목단을 입에 문 학이 하늘을 향해 솟구치고 있다. 배경은 담묵을 균일하게 칠하니 상서로운 기운이 눈에 보이는 듯한데 놀라운 것은 붓의 흔적을 하나도 남기지 않음으로써 공간의 깊이감을 더해 준 것이다. 두 번째는 〈모질수영도(耄耋壽永圖)〉로 태호석은 영롱하고 투명하며 나팔꽃과 해당화가 만개한 가운데 하얀 고양이 한 마리가 아래위로 날고 있는 한 쌍의 나비를 호시탐탐 노려보고 있는 생기발랄한 풍경이다. 세 번째는 〈팔백하령도(八百遐齡圖)〉로 구관조 두 마리 중, 한 마리는 높은 데서 노래하고 있는 동적인 모습으로, 다른 한 마리는 낮은 데서 침묵하고 있는 정적인 모습으로 대조적으로 그렸고 그 외 용틀임한 먹빛 측백나무와 그 아래 환하게 표현한 영지가 있다. 네 번째는 〈일로영화도(一路榮華圖)〉로 담묵으로 밑바탕을 칠하면서 물대의 줄기와 잎은 빈 공간으로 남겨 놓았다. 이런 기법은 예부터 있었으나 대부분 설산 위 파란 하늘을 표현할 때 사용하였고 이처럼 가느다란 줄기와 좁은 잎을 남기고 하늘을 균일하게 칠한 경우는 보기 드물다. 이로부터 화가의 담력과 재능을 엿볼 수 있는데 이 녹색·흰색·회색이 서로 어우러진 아름다운 겨울의 풍경은 보는 이로 하여금 한겨울의 차가운 한기를 잊고 그림에 흠뻑 빠져들게 한다.

山谿之間多有信天翁土人不識其名呼為水難可惜也
光緒兩申嘉平上澣倣黃筌法於結古歡閣石壽
少韓仁兄大人雅正
松蕍石壽寔

양청아(楊淸我) 〈소소매정원사죽도(蘇小妹庭院寫竹圖)〉

청말 민초 | 축(軸) | 종이 | 세로 67cm 가로 34cm

Su Xiaomei Painting Bamboos in the Courtyard

By Yang Qing-wo | Late Qing Dynasty | Hanging scroll | Paper | 67cm×34cm

　양청아, 생졸 연월은 미상이다. 이 그림은 의경이 절묘하고 인물형상이 아름답고 단정하며 채색이 청아하다. 청정한 정원에서 청순한 소녀를 만나는 것 자체가 기쁜 일인데 그 소녀가 재능까지 겸비했다면? 이 그림은 바로 이런 아름다운 정경을 재현한 공필화이다. 기법상에서 선의 세기나 유창성, 대나무 잎과 가산(假山)의 구조 변화가 부족한 것이 아쉽다.

염감원(閻甘園) 〈망천탕주도(輞川蕩舟圖)〉

청말 민초 | 축(軸) | 종이 | 세로 93cm 가로 33.5cm

Boating in Wang River

By Yan Gan-yuan | Late Qing Dynasty | Hanging scroll | Paper | 93cm×33.5cm

염감원, 섬서 남전(藍田) 사람이며, 청말 진사로 지현(知縣)을 지냈다. 민국 이후 시안에 학당을 꾸려 섬서 지역의 교육사업에 이바지하였다.

이 그림은 1935년 작으로 구도, 용필, 낙관 및 도장 등 여러 방면에서 전형적인 문인화임을 알 수 있다. 화면은 세 부분으로 구성되었는데 근경은 종류가 서로 다른 네 그루의 교목과 그 옆 정자로 이루어졌다. 좀 떨어진 곳은 하늘과 물이 하나로 된 가운데 한 늙은 어부가 작은 배에 걸터앉아 있다. 그 위로 더 가면 열은 묵색의 모래밭에 수풀이 있고 수풀 위는 높은 산이 우뚝 솟아 있다. 원경의 산은 검푸르고 어렴풋하다. 전체 그림은 간결한 붓놀림의 피마준으로 그렸다.

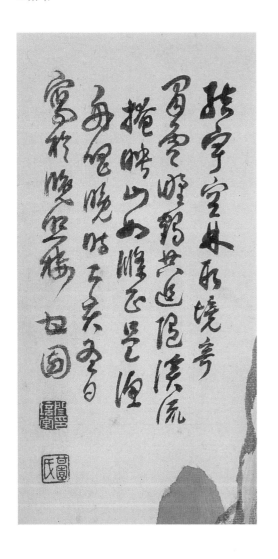

093
━━━━━━━━━

염감원(閻甘園) 〈복호도(伏虎圖)〉

청말 민초 | 축(軸) | 종이 | 세로 79.5cm 가로 67cm

A Crouching Tiger

By Yan Gan-yuan | Late Qing Dynasty | Hanging scroll | Paper |
79.5cm × 67cm

염감원은 주로 산수화를 그렸으나 간혹 동물도 그렸다. 〈복호도〉는 그중 하나로 이로부터 그가 다양한 제재를 취했음을 알 수 있다. 이 그림에서 화가는 평소와 다르게 오직 호랑이의 머리와 상체만 그렸으며, 보통사람이 보았을 때 구도가 불완전하거나 뜻을 일부만 전한 듯하지만 실은 화가가 독창성을 발휘하여 색다른 심미경계를 창조한 것이다. 엎드린 호랑이기 때문에 일부분만 볼 수 있는 것은 당연한 것으로, 보이지 않는 부분은 각자가 상상의 나래를 펼쳐 보충하여 완성하면 되는 것이다. 여기서 그림의 색다른 매력이 드러난다.

지단(遲耑) 〈매응도(梅鷹圖)〉

청말 민초 | 축(軸) | 종이 | 세로 117.5cm 가로 54cm

Winter Sweet and Eagle

By Chi Rui | Late Qing Dynasty | Hanging scroll | Paper |
117.5cm × 54cm

작가 생졸은 미상이다.

〈매응도〉는 청말 작품이다. 매화와 매는 각
각 전통 회화에서 자주 보이는 제재이나 대부
분이 송응도(松鷹圖), 암응도(岩鷹圖)이고 매
화와 매를 한 화면에서 볼 수 있는 그림은 매
우 드물다. 심미 취미에서 볼 때 소나무, 바위,
매는 모두 장엄함을 뜻하고 매화와 매는 각
기 우아함과 장엄함을 비유한다. 그런데 매화
또한 목단, 라일락, 부용 등 다른 꽃과 비교할
때 상대적으로 비장미가 있다. 그렇다면 목단
이나 부용은 가지가 없어 매가 앉을 수 없지
만 라일락은 가지가 있는데 왜 매와 함께 그
린 그림이 없을까? 그 이유는 매는 영웅과 발
음이 유사하고 전통 우화에서도 영웅을 비유
하기 때문에 화가들은 매를 소나무 또는 산꼭
대기의 암석과 함께 그린 것이다. 이 그림에
서 화가는 매와 함께 우아함과 장엄함을 드러
내는 매화를 그렸으며, 그림 속 영웅은 이미
다리가 묶인 상태로 화원의 꽃과 나무, 특히
매화와 연결되어 더욱 심원한 뜻을 드러낸다.
작가의 본업은 국가의 사무를 관리하는 것이
었고 그림은 여가활동이었으나 기법상에서
우아하고 차분한 심미 경지를 드러내고 있어
실로 놀라울 따름이다.

095

유예(兪禮) 〈사양군료도(斜陽群鷯圖)〉

청말 민초 | 축(軸) | 종이 | 세로 141cm 가로 76.5cm

Birds in the Setting Sun

By Yu Li | Late Qing Dynasty | Hanging scroll | Paper | 141cm×76.5cm

유예(1862~1922년), 자는 달부(達夫), 호는 수암(隨庵)이며, 절강 소흥(紹興) 사람으로 화조, 인물, 산수에 능하였다.

이 그림은 1917년 작으로 붓놀림이 웅건하며 구도가 치밀하고 화면의 성기고 조밀함이 적절하다. 서산으로 넘어가는 지는 해를 배경으로 해 몽롱한 느낌을 주며 전경의 짙은 버드나무, 구관조와 대비되면서 공간의 심원함을 더해 준다. 세부적으로도 정묘함이 두루 보인다. 화가는 담묵의 묘미를 꿰뚫고 있는데 버드나무의 줄기를 묘사함에 있어 마른 담묵으로 묵의 운치와 필의 느낌을 충분히 표현하여 물상의 질감 효과를 높여 주었다. 구관조를 묘사함에도 탁월한 재능을 보여 주었는데 여섯 마리의 자태가 천태만상이니 위에서 아래로 내려다보는 놈, 날갯짓하는 놈, 올려다보는 놈, 좌우를 둘러보는 놈, 하늘을 향해 지저귀는 놈, 가지에 앉아 휴식하는 놈 등이다. 버드나무 가지가 산들바람에 나부껴 성긴 부분은 성기고 조밀한 부분은 조밀하니 박진감 있다. 그림은 시적인 감흥이 넘치고 있어 청말 민국 초 문인화의 계승과 발전을 보여준다.

황빈홍(黃賓虹) 〈청강방주도(清江放舟圖)〉

근대 | 축(軸) | 종이 | 세로 80cm 가로 32cm

Boating in Qingjiang River

By Huang Bin-hong | Modern | Hanging scroll | Paper | 80cm×32cm

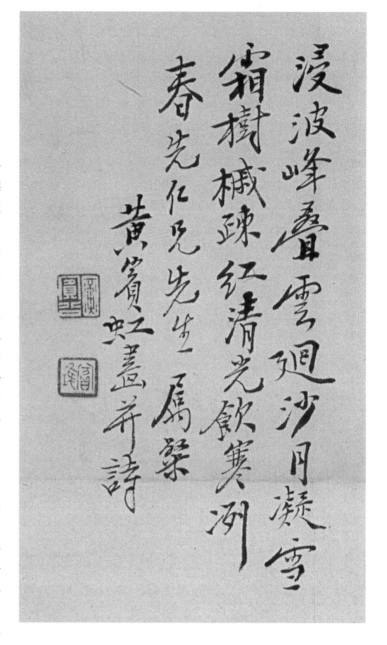

황빈홍(1864~1955년), 근대 화가이며 화학(畫學) 이론가이자 시인이다. 이름은 질(質), 자는 박존(樸存), 박승(樸承), 호는 촌잠(村岑), 예향(予向), 홍려(虹廬)이며 중년엔 호를 빈홍(賓虹)으로 바꾸고 호를 이름으로 삼았다. 실명(室名)은 빈홍조낭(濱虹草堂)이다. 원석은 안휘 흡현(歙縣)이고, 고향은 절강 금화(金華), 후에 항주에 거주하였다. 일찍 신해혁명을 옹호하였으며 후에 상해, 북경, 항주 등지의 미술대학에서 교편을 잡았다. 선고우(宣古愚)와 함께 주전사(宙全社)를 꾸렸었고, 예봉학회(藝鳳學會)를 설립하였으며, 해상제금관(海上題襟館), 난만사(爛漫社), 중국화회(中國畫會), 백천서화사(百川書畫社) 등 예술단체 활동에 참가하였고, 신주국광사(神州國光社), 상무인서관(商務印書館) 등의 미술부 편집인으로 다년간 있었다. 중화인민공화국 수립 이후 중국미술가협회 화동(華東)분회 부주석, 중앙미술학원 민족미술연구소 소장 등을 역임하였다. 산수화에 뛰어났는데 처음엔 예일보(倪逸甫)의 가르침을 받았고 이어 정정규(程正揆), 이류방(李流芳), 정수(程邃), 곤잔(髡殘) 등 여러 대가들의 영향을 받았다. 위로는 당송까지 거슬러 올라가 여러 기법을 집대성한 후 변혁을 거쳐 일가를 이루었다. 평생 산천을 유람하며 사생을 중시하였고 수많은 작품을 남겼다. 중년엔 붓놀림이 엄격하였고 만년엔 묵 사용에 능숙하였는데 '오필칠묵설(五筆七墨說)'을 확립하였다. 산수화는 붓놀림이 자유자재이니 질박하고 돈후하며 촉촉하고 소담하여 원기가 넘쳐나고 분위기가 그윽하였고 간혹 화조초충을 그리면 독특한 운치가 있었다. 시도 뛰어났으나 그림에는 미치지 못했으며 서예도 능하였는데 금석문자(金石文字)와 전각(篆刻)에도 관심이 많았으며 화학(畫學)에 대해 깊이 연구하였다. 작고한 후 유언에 따라 소장한 금석서화와 유작들을 모두 국가에 헌납하였는데 현재 항주 서하령(栖霞嶺)의 고택은 황빈홍기념관으로 꾸며져 있다. 전해지는 작품으로는 현재 상해박물관에 소장된 〈촉강귀주도(蜀江歸舟圖)〉(축), 중국미술가협회에 소장된 〈사령운시의도(謝靈運詩意圖)〉(축)가 있고 1962년 인민미술출판사에서 『황빈홍산수사생(黃賓虹山水寫生)』을 출판하였다. 저서로는 『황산화가원류고(黃山畫家源流考)』, 『홍려화담(虹廬畫談)』, 『고화미(古畫微)』, 『중국화학사대강(中國畫學史大綱)』 등이 있고 편찬한 책으로는 『빈홍시초(濱虹詩草)』, 『빈홍초당장고흠인(濱虹草堂藏古欽印)』 등이 있으며 등실(鄧實)과 함께 『미술총서(美術叢書)』를 편찬하였고 모음집으로는 『황빈홍화어록(黃賓虹畫語錄)』이 있다.

황빈홍 선생은 중년엔 붓놀림을 엄격히 하고, 만년엔 묵 사용을 엄격히 하였다. 이로써 보면 〈청강방주도〉는 필력이 웅건해 보이므로 중년 시기 서법 용필로 그림을 그렸음을 알 수 있다. 특히 줄기를 그릴 때 회화의 선묘가 아닌 서법의 필법을 사용하였다. 화가의 붓놀림에서 필자는 그의 대전(大篆) 서법을 떠올렸는데 대전으로 쓴 대련을 보면 아래와 같은 특징을 발견할 수 있다. 오창석 선생의 석고문(石鼓文) 필체를 모사한 것도 아니고 순수한 금문(金文)도 아닌 쓰는 사람의 주관적 의지와 필봉 자체의 움직임에 의한 의외의 효과가 있으니 이는 농부가 밭을 갈 때 사람과 소가 힘을 합해 만든 고랑이 곧음 중에 굴곡이 있고 굴곡 중에 곧음이 있는 것과 같다.

이 그림에서 화가는 숙련된 기법으로 독특한 구도를 취하여 강남의 청산녹수를 묘사하였다. 구도가 독특하다 함은 화면에 가로로 된 선 셋이 있는데 위쪽 선은 가장자리에서 갑자기 멈추었고 중간 선은 가장자리에 가기 전에 끊겼으며 아래쪽 선은 그림 밖까지 이어졌다. 화면에서 붓놀림이 많은 부분은 두 산봉우리와 물가이다. 근접한 중경은 서법 용필로 교목을 표현하였고 중경은 피마준으로 완성했으며 원경은 미씨점(米氏点)으로 청산을 표현하였다. 가까운 강기슭에는 기와집이 여러 채 있고 중경 산허리에는 초가집이 한 채 있다. 강에는 돛단배 두 척이 있고 돛단배 위로는 산안개가 망망하다. 그림은 크기가 크지 않으나 의경이 드넓다. 필자가 근경에서 원경으로 반복적으로 시점을 이동하여 관찰한 결과 이만한 크기의 그림, 특히 황화(黃畵)는 가시거리가 3척 내지 5척 사이가 가장 적합하다. 그는 서법에서도 뛰어난 성과를 이루었는데 앞서 언급한 대전 외에 행서도 훌륭한 수준으로 필체가 거리낌이 없으면서도 격조가 있다. 그는 서법가이면서 시인이고 전각가인데 이 그림에는 "산봉우리에 싸인 구름이 물속에 비치고, 굽이진 모래톱에선 달빛이 흰눈 위에 맺히네. 서리 맞은 나무에선 붉은 꽃이 시들어 떨어지고, 차가운 빛에는 냉랭한 한기가 서렸구나(浸波峰疊雲, 迴沙月凝雪, 霜樹槭疎紅, 淸光飮寒洌)"라고 쓴 자신의 시문이 있다. 필자가 추측해 볼 때 그림 속 두 정방형 도장은 황빈홍 선생의 전각 풍격과 비슷하니 응당 화가가 직접 만든 것이다. 위쪽 것은 주문(朱文)과 백문(白文)이 함께 있는데 '황빈공(黃賓公)'이라 찍혀 있고 주문(朱文)은 '빈퇴(賓堆)'라 찍혀 있다. 전체 그림을 보면 시, 서, 화, 인이 하나로 어우러져 있는데 이 네 가지 기예는 대가이거나 장수하지 않으면 갖출 수 없는 것으로 이 때문에 "북쪽에 제백석이 있다면 남쪽에 황빈홍이 있다"는 말이 생겼다. 이처럼 황빈홍 선생은 비범한 재주로 예술사에서 빼놓을 수 없는 거장이 되었다.

제백석(齊白石) 〈취추도(醉秋圖)〉

근대 | 축(軸) | 종이 | 세로 100cm 가로 33.5cm

Autumn Scenery

By Qi Bai-shi | Modern | Hanging scroll | Paper | 100cm × 33.5cm

　　제백석(1864~1957년), 근대 화가이며, 서법가이자 전각가이다. 원명은 순지(純芝), 자는 위청(渭靑), 후에 이름을 황(璜)으로 바꾸고 호를 이름으로 삼았다. 자는 빈생(瀕生), 별호는 차산음관주자(借山吟館主者), 기평노인(寄萍老人), 제대(齊大), 목거사(木居士), 삼백석인부옹(三百石印富翁) 등이며, 호남 상담(湘潭) 사람이다. 집이 가난하여 12세에 목공일을 배웠고 외조부 주우약(周雨若)에게서 천가시(千家詩)를 배웠으며 27세에 서화, 시문을 배웠고 도장을 새겼다. 민간화가 소향해(蕭芗陔), 문소가(文少可)에게서 초상화를 배워 초상화 화공으로 일하기도 했다. 중년에 여러 차례 남북으로 유람하였으며 57세 후부터 북경에 정착하였다. 진형각(陳衡恪)과 함께 그림을 연마하였고 서위(徐渭), 주탑(朱耷), 원제(原濟), 이선(李鱓), 오창석(吳昌碩) 등 대가를 추종하였다. 60세 이후 화풍이 갑자기 변하였는데 창작을 중시하고 "화가는 먼저 옛사람들의 진적을 본 후 그들의 나쁜 관습에서 탈피하여 새로운 화풍을 수립함으로써 앞사람들이 하지 못한 바를 실천하는 사람이다"라고 하였으며, 옛사람들의 유산에 대해선 "모방함에 있어 설사 똑같다 하더라도 그 기법을 체득했다 자아도취하지 말아야 하고 옛사람들의 단점에 대해서도 비난과 질책을 해서는 안 된다"라고 하였다. 그는 이미 얻은 성과를 스스로 부정하고 새로운 것을 추구하였으며 고령에도 불구하고 새로운 풍격을 창조하였다.

　　꽃, 조류, 물고기, 곤충을 잘 그렸는데 필묵이 웅건하고 자유분방하며 색채가 선명하고 강렬함으로써 조형은 간단하고 질박하며 형상은 활발하였다. 붓을 넓게 사용하는 사의(寫意) 화훼와, 미세한 부분까지 확연히 드러나는 초충을 교묘하게 결합하는 데 능하였다. 산수, 인물화도 그렸으니 창작 제재가 광범위하고 민간정서가 짙으며 일상생활에서의 평범한 농기구와 인물들이 그의 손을 거쳐 비범한 예술로 승화되었다. 전각은 처음엔 절파를 배웠으나 후에 한대 착인(鑿印)을 따랐으며 '전각에 특별한 운치가 있는 이들은 진한 사람뿐'이라고 여겼다. 제작한 전각은 구도가 기이하고 분방하면서도 소박하며 단도직입적이고 힘찬 느낌이 있어 그만의 독창성이 있었다. 전각 작품으로는 '목인(木人)', "성당의 초가에 머물며 벼슬길에 나아가지 않는다(星塘白屋不出公卿)", "청탁하는 일을 스스로 부끄러워하다(獨恥事干謁)" 등이 있는데 모두 화가의 마음을 의탁한 작품이다. 서법 역시 힘차고 침착하여 이채로우며 중일전쟁 시기 북경 집 문에 "관가에는 그림을 팔지 않음"이란 글을 붙이기도 했다.

　　중화인민공화국 수립 이후 서화, 전각 활동에 더욱 열심이었고 90이 넘은 나이에도 쉬지 않고 그림을 그렸으며 중국문예련주석단(中國文藝聯主席團) 위원, 중국미술가협회 주석을 역임하였다. 1953년 중앙문화부에서 '인민예술가' 칭호를, 1955년 동독에서, 1956년 세계평화이사회에서 1955년도 국제평화상을 수상하였다. 수많은 작품이 현전하는데 평생 2만여 점의 작품을 창작하여 국내외 유수 박물관에는 모두 그의 작품이 소장되어 있다. 1959년 인민미술출판사에서 『제백석작품집』 영인본 3권을 출판하였고 1980년 상해 인민미술출판사에서 『제백석산수화선(齊白石山水畵選)』을 출판하였는데 지금은 중경박물관에 소장되어 있다.

　　백석 옹은 "그림의 귀함은 같은 것 같으면서도 같지 아니한 것 사이에 있으니, 너무 같으면 세속에 영합하는 것이고 같지 않으면 세상을 속이고 이름을 얻는 것이다"라고 말한 바 있는데 이러한 그의 창작이론은 이 그림에서 충분하게 표현되었다. 그림의 색상은 붉은색과 검은색의 대비효과를 이용하였고 조형에서는 종횡이 서로 엇갈리는 구도를 사용하였다. 꽃밭 가운데 성긴 대나무는 초묵(焦墨)으로 그렸는데 붓놀림이 거칠지만 이 또한 탐스럽게 만개한 안래홍(雁來紅)과 어우러지면서 미학적 대비효과를 이루었다. 여기서 화가의 독창성과 돈후하고 천진한 성격을 엿볼 수 있다.

제백석(齊白石) 〈유어도(游魚圖)〉

근대 | 축(軸) | 종이 | 세로 106cm 가로 35cm

Swimming Fishes

By Qi Bai-shi | Modern | Hanging scroll | Paper | 106cm×35cm

낙관에서 알 수 있듯이 이 그림은 1948년 작으로 당시 화가는 88세였다. 화가가 미신을 믿어 2세를 더하여 화를 피하는 중국의 전통적인 계산법으로 나이를 기록하였고 만 나이를 따지지 않았으므로 실제 그의 나이는 응당 84세이다. 이 시기는 '사람과 그림이 모두 늙은' 만년 시기로 '팔대산인(八大山人)' 그림의 오묘함을 제득한 시기이기도 하다. 마음 가는 대로 붓을 휘두른 듯하지만 꾸밈없는 정취가 함축되어 있다. 극히 간단한 수묵으로 헤엄치는 물고기 세 마리를 그렸는데 제일 하단에는 몸집이 비대하고 우둔해 보이는 큰 물고기 한 마리가 있고 그 옆에 함께 헤엄치는 물고기는 몸집이 상대적으로 작고 영리해 보인다. 화면 상단에는 치어 한 마리가 둘을 향해 바삐 헤엄쳐 오고 있는데 아마 가족을 찾는 듯하다. 세 마리 중 두 마리가 모여 있고 한 마리가 떨어져 있으니 성기고 조밀함에 운치가 있다. 배경에는 붓끝이 닿지도 않았지만 잔물결이 이는 듯하니 이것이 바로 실보다 허에 더 뜻을 의탁하는 중국회화의 묘미이다. 붓놀림이 가볍고 완숙하며 붓놀림과 형상이 완벽히 결합되어 군더더기가 없으니 평생의 경험이 농축되어 있다. 묵을 사용함에 먼저 담묵을 칠하고 농묵으로 덧칠하여 묵이 스며드는 맛이 있으니 이 또한 발묵을 대담하게 사용하는 특징이 엿보인다.

낙관은 '자유 선생에게, 무자년 88세 백석(子柔先生雅屬, 戊子八十八歲白石)'이라 적혀 있고 아래는 주문(朱文)으로 '백석(白石)', '나이88세(吾年八十八)'라고 찍혀 있다.

왕진(王震) 〈화조사병(花鳥四屛)〉

근대 | 축(軸) | 종이 | 세로 144cm 가로 40cm

Four Hanging Scroll of Flower-and-bird

By Wang Zhen | Modern | Hanging scroll | Paper | 144cm×40cm

왕진(1867~1938년), 근대 서화가로 자는 일정(一亭), 호는 백룡산인(白龍山人)이다. 절강 오흥[吳興, 현재 호주(湖州)] 사람이며 상해에서 거주하였다. 거소에 오래된 녹나무가 있어 장원(樟園)이라 불렸으며 불교를 신봉하였다. 서화에 뛰어났으니 인물화, 화조화, 동물화, 산수화에 모두 능하였는데 그중 불화가 제일이다. 그린 그림마다 필묵이 예리하고 힘차 기세가 웅혼한데 심혈을 기울인 작품은 순박하고 다채로운 가운데 허령한 마음을 의탁하였다. 일찍 서소창(徐小倉)의 가르침을 받다가 임백년, 오창석을 만나 교유하였다. 정묘한 부분에서는 임백년의 신모(神貌)가 보이나 화풍은 오창석과 더 가까웠으며 1920년에는 오창석의 초상화를 그렸다. 상해에서 예술계, 자선, 불교 등 각종 활동에 적극적으로 참가하였다. 중일전쟁 초기 홍콩으로 이주하였다가 병이 심해지자 다시 상해로 돌아온 후 얼마 안되어 작고하였다. 전해지는 작품으로 오창석의 80세 생신을 축하하기 위해 그린 1923년 작 〈음중팔선도(飮中八仙圖)〉〈축〉와 〈아류도(鴉柳圖)〉〈축〉는 모두 『중국현대명화집』에 수록되어 있고 〈오로도(五老圖)〉〈축〉는 『백룡산인묵묘책(白龍山人墨妙冊)』에 수록되어 있다. 저서로는 『백룡산인시고(白龍山人詩稿)』가 있다.

왕진의 화조는 처음엔 임백년을 배웠고 후에 오창석의 영향을 받았으므로 서화의 기세와 붓놀림이 모두 그들과 비슷하다. 이 네 폭 병풍은 화훼와 과일을 제재로 하였으며 필묵이 웅혼하고 거침없으며 채색이 화려하고 구도는 기세를 취하여 의기가 드높으니 그야말로 사의(寫意) 화조화의 걸작이다. 그중 국화와 기석을 제재로 한 작품은 국화가 비스듬히 선 기석 위에 핀 형상으로 기석은 붓놀림이 간결하고 국화는 복잡하지만 정연하여 성기고 빽빽함의 대비효과가 있다. 화면 하단의 두 꽃가지는 화면의 안정감을 유지해 준다. 복숭아를 제재로 한 그림에서는 나뭇가지가 돌을 따라 아래로 축 늘어졌고 과실은 큼직하다. 구도가 독특하며 가지와 잎은 색상에 묵을 더하여 그림으로써 색이 흠뻑 스며들었다. 붓놀림은 장봉(長鋒)을 팔꿈치를 든 채로 휘둘러 유창하고 힘 있다.

왕진(王震) 〈나무아미타불도(南無阿彌陀佛圖)〉

근대 | 축(軸) | 종이 | 세로 132cm 가로 43cm

Buddha

By Wang Zhen | Modern | Hanging scroll | Paper | 132cm×43cm

작가는 불교를 신봉하였으므로 불화를 다수 그렸다. 산수화, 화조화, 인물화 세 가지 가운데 인물화가 가장 많다. 필자가 생각건대 그의 작품에서 인물화, 산수화가 화조화보다 낫고 회화가 서예보다 낫다. 〈나무아미타불도〉는 만년 작품으로 이 그림에서 작가가 일필휘지로 단숨에 완성한 탄탄한 소형능력을 엿볼 수 있다. 소형에 있어 형태뿐만 아니라 석가모니 정신에 대한 표현도 매우 뛰어나다. 옛사람들이 이르기를 눈 부릅뜬 금강은 그리기 쉬워도 고개 숙인 보살은 그리기 힘들다고 했는데 이 그림에서 부처는 공손하게 고개를 숙이고 사색하고 있다. 장중한 표정으로 사색에 빠진 듯한데 왼손에는 연꽃을 들고 오른손은 드리워 천하 창생들을 깨우쳐 함께 서천극락에 가고자 하는 바람을 나타내는 듯하다. 전체 그림에서 화가는 힘을 모아 붓을 휘두름으로써 붓놀림이 마치 용과 뱀의 움직임 같아 한순간에 그림을 완성한 듯이 보인다.

왕진(王震) 〈부용도(芙蓉圖)〉

근대 | 축(軸) | 종이 | 세로 78.5cm 가로 36.5cm

Hibiscus

By Wang Zhen | Modern | Hanging scroll | Paper |
78.5cm × 36.5cm

이 그림은 색으로 묵을 대신하였다. 색
상을 사용함에 대담하고 분방한 것이 해
파(海派)가 서양화의 색채기법을 흡수하
였음을 드러내고 있다. 물과 색이 충분하
게 어우러졌고 풀마다 색을 칠하니 색이
예스럽고 화려하면서도 청신하고 고아
하여 의취가 가득하다.

'일정(一亭)', '왕진대리(王震大利)', '일
정대리(一亭大利)' 세 개의 인장이 있다.

오패부(吳佩孚) 〈묵죽도(墨竹圖)〉

근대 | 축(軸) | 종이 | 세로 118.5cm 가로 50.3cm

Bamboo

By Wu Pei-fu | Modern | Hanging scroll | Paper | 118.5cm×50.3cm

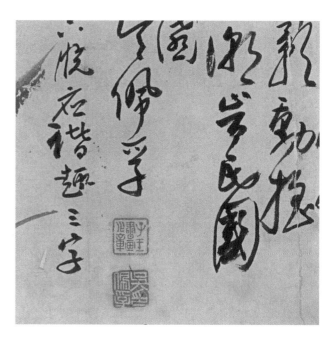

오패부(1874~1939년), 중화민국 북경 정부의 군벌 중 최고 거두이다. 자는 자옥(子玉), 산동 봉래(蓬萊) 사람으로, 청말 수재이며 1888년 천진에서 군인의 길을 걷기 시작하였다. 1900년 팔국(八國)연합군 중국 침략 당시 태고포대(大沽炮台) 전투 중 적군이 우세한 상황에서 후퇴하시 않고 포를 쏘아 적들을 물리치며 신지를 지켰다. 1902년 보정육군속성학당 측량과에 입학하여 2년 뒤 졸업하고 혼합정찰대 대원으로 있다가 임무 수행 중 러시아군 포로가 되어 사형을 선고받았으나 집행 전에 탈출하여 귀국하였다. 그 후 북양군의 대관(隊官), 군영의 관대(管帶), 포병 단장, 여단장 직을 역임하였으며 1916년 원세개(袁世凱)의 명을 받고 사천에서 채악(蔡鍔)의 호국군과 싸웠다. 원세개가 사망한 후 북양군벌은 조곤(曹錕)과 오패부가 이끄는 직계(直系)와, 단기서(段祺瑞)가 이끄는 환계(晥系)로 분열되었으며, 1917년 7월 장훈(張勳)이 황제의 복위를 선포하자 오패부는 역군을 정벌하는 서로군(西路軍) 선봉으로 나섰다. 파리평화회의 당시 전보를 이용해, 주권을 상실하고 나라를 모욕하는 조약의 체결에 반대하였다. 1920년 7월 직계 군벌과 환계 군벌 사이에 전쟁이 일어나자 오패부는 총사령 겸 서로군 총지휘관을 맡아 봉계(奉系) 장작림(張作霖)과 연합하여 환계 정국군(定國軍)을 정벌함으로써 단기서로 하여금 권력을 이양하게 하였고 9월에 직로예순열부사(直魯豫巡閱副使), 1921년 양호순열사(兩湖巡閱使)에 임명되었다. 다음 해 제1차 직봉전쟁(直奉戰爭)에서 봉군을 물리쳤으며, 11월 조곤이 뇌물을 통해 총통에 선임된 후 오패부를 직로예순열사(直魯豫巡閱使)와 항공총감으로 삼고 '부위상장군(孚威上將軍)'으로 봉하였다. 1924년 제2차 직봉전쟁 중 풍옥상(馮玉祥)이 군대를 돌려 북경으로 진군하여 조곤을 구금하였다. 오패부는 패하였지만 낙양으로 후퇴하여 호헌군의 전방 총사령관을 맡았다. 1925년 10월 14개 성 연합군 총사령관으로 추대되어 먼저 장작림을 토벌한 후 다시 장작림과 연합하여 풍옥상을 대패시켰다. 1926년 7월 국민당 북양군(北洋軍)은 파죽지세로 북벌을 시작하였다. 1927년 5월 남북 대치 상태에서 오패부는 남양(南陽)으로 몰렸고 사천에 망명한 후 사천 군벌 양삼(楊森)의 비호를 받아 이때부터 은거생활을 시작하였다. 글을 쓰고 책을 읽는 것 외엔 나랏일에 대해 일언반구도 없었으니 "뜻을 이루었을 때, 마음속으로부터 청렴함을 추구하니, 첩을 두지 않고 돈을 쌓아두지 않으며 술 마시고 시를 짓는 것이 지식인의 본연의 모습이요. 실패한 후 끝까지 뜻을 꺾지 않고 나라를 떠나지 않고 조계에 들

어가지 않으며 물독을 안고 채마밭을 가꾸니 이것이야말로 진정한 귀거래이다(得意時, 清白乃心, 不納妾, 不積金錢, 飲酒賦詩, 猶是書生本色. 失敗后, 倔强到底, 不出洋, 不進租界, 灌園抱甕, 眞個解甲歸田)"란 대구를 지어 읊었다. 오패부의 일생을 살펴보면 북양군벌로서 불명예스러운 면 - 특히 '2·7'총파업을 진압하고 노동자의 지도자 고정홍(顧正紅)과 변호사 시양(施洋)을 살해 - 이 있었지만 또 다른 한 편으로는 지식인으로서 애국심과 민족의 절개가 있었다. 만년에 중화민국 임시정부의 군부장관 직을 단호히 거절하고 일본 봉천특무 기관장 도이하라 겐지와 논쟁하면서 일본의 중국 침략을 질책하였다. 이로 인해 일본 간첩 가와모토가 이를 치료한다는 명목 아래 소개해 준 일본 의사 스도, 아키타에 의해 북평 집금화원에서 독살되었다. 중일전쟁 이후 국민당 정부는 명문화한 법령을 반포하여 오패부 선생을 찬양하는 동시에 그를 위해 국장의식을 거행하였다. 이종인(李宗仁)이 총통 장개석(蔣介石)을 대신하여 국장을 주관하고 화북국민당, 군정 요인들이 모두 참석하였으며 풍옥상, 하응흠(何應欽) 등 역시 대표를 파견하여 장례는 매우 성대하고 장엄하게 치뤄졌다. 자옥 선생은 만년에 절개를 드높여 의를 지켰고 적들과 싸워 정의롭고 당당한 민족의 기상을 남김없이 보여주었다.

오패부의 대나무 그림은 웅건하고 군셈으로 이름났으며 이는 가슴속 울분을 나타낸 증거이다. 그림 속에는 "늙은 참대가 꿋꿋이 구름을 꿰뚫네. 가지는 창 같고 잎은 칼 같다네. 세찬 바람 부니 위세 한번 웅장하고, 광활한 죽림 그 모습 또한 눈부시네. 홍원의 대나무 만대 운치를 풍기니, 천지 사이를 부앙하고 그림자가 인다네. 마디가 제아무리 흔들려도 뿌리가 단단하니, 동해의 사나운 파도도 두려워하지 않는다네(老杆亭亭揷碧霄. 枝如戈戟葉如刀. 呼嘯有風聲雅壯, 瀟湘千頃放光豪. 洪園万杆應楷趣, 俯仰乾坤影動搖. 任凭節動根源固, 哪怕東瀛起怒潮)"라는 제시가 있는데 이 역시 울분의 발로이다.

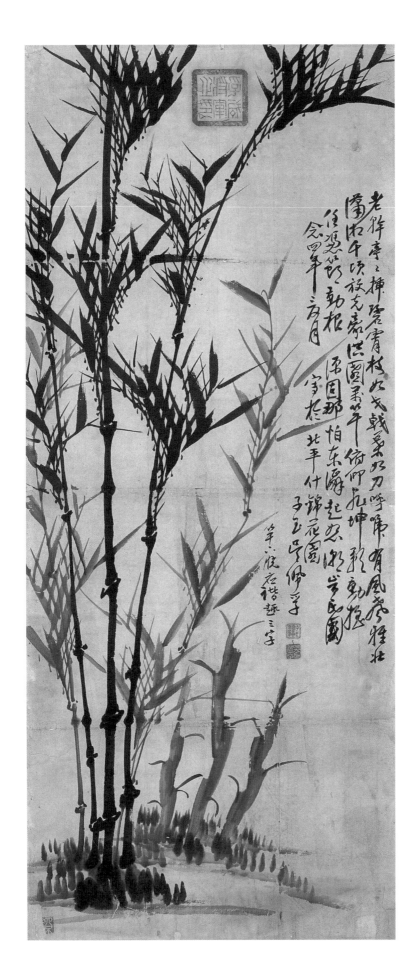

201

장택(張澤) 〈호소도(虎嘯圖)〉

근대 | 축(軸) | 종이 | 세로 20.7cm 가로 13.2cm

The Howling Tiger

By Zhang Ze | Modern | Hanging scroll | Paper | 20.7cm×13.2cm

　　장택(1882~1940년), 근대 화가로 자는 선자(善孖) 또는 선지(善之), 호는 호치(虎痴)이며 사천 내강(內江) 사람이다. 소년 시기 모친에게서 그림을 배웠으며 이서청(李瑞淸) 문하에 들어가기도 했다. 1917년 대천(大千)과 함께 일본에 갔다가 귀국하여 상해에 거주하면서 상해미술전문학교 교수를 겸임하였으며 황빈홍(黃賓虹), 마기주(馬企周), 유검화(兪劍華) 등 8명과 함께 난만사(爛漫社)를 조직하였다. 산수화, 화훼화, 동물화에 모두 능하였다. 산수는 장대풍(張大風)의 기법을 따랐고 화훼는 진순(陳淳)의 기법을 따랐으며 특히 호랑이를 잘 그려 이름났으니 사생하기 위해 때때로 소주 망사원(罔師園)에 기거하면서 호랑이를 따로 길렀다. 중일전쟁 초기 한때 무한에 있다가 미국으로 출국하였으며 다시 홍콩에서 중경으로 돌아온 후 작고하였다. 전하는 작품이 많은데 그중 〈웅사도(雄師圖)〉, 〈정기가(正氣歌)〉는 대표작이며 『장선자화호집(張善孖畵虎集)』에 수록된 〈십이금채도(十二金釵圖)〉는 호랑이의 갖가지 모습을 묘사하였고 『서상기(西廂記)』의 '어찌 돌아보지 않는지(怎不回過臉來)'와 "종일토록 임 생각에 빠져 있다네(綜日價情思睡昏昏)" 등 시구를 써 맹호를 미인에 비유하였다. 그 밖에 〈악란이재곡도(握蘭移栽曲圖)〉 및 〈호도(虎圖)〉는 사천성박물관에 소장되었다.

　　장택은 일찍 호랑이를 따로 기르면서 장기간 관찰한 후 그림을 그렸다. 숙련되면 기교가 생기고 기교가 있으면 걸작이 나오는 법이다. 이 그림은 화가가 한창때인 40~50세 때에 그린 것으로 공력이 탄탄하고 기법이 완숙하며 특히 눈썰미가 좋다. 작가가 그린 호랑이는 꼬리가 쇠채찍처럼 하늘을 찌르는 듯하다. 또한 순백색 바탕에 검은색으로 그린 그림은 시각적 효과가 있을 뿐만 아니라 신기하면서도 보기 좋다. 그림 속 구름 또한 기세가 충만하다. 이 1평방척 남짓한 그림은 작가가 한창때 그린 보기 드문 걸작이다.

從龍風從虎

善狩張澤

장한삼(張寒杉) 〈유유도(悠游圖)〉
근대 | 종이 | 세로 47cm 가로 47cm

Leisure Swim

By Zhang Han-shan | Modern | Paper | 47cm×47cm

　　장한삼(1879~1969년), 이름은 정(靖), 자는 중민(仲民), 호는 한삼(寒杉), 별호는 목계산인(木鷄散人), 전연암주인(傳硯庵主人), 만수매영암주인(万樹梅影庵主人)이다. 섬서 함양(咸陽) 사람으로 전서(篆書), 장초(章草), 북비(北碑)에 능하였다. 전서는 '석고문(石鼓文)'을 본받았는데 '석문명(石門銘)' 등의 의를 더하여 힘차고 질박하며 거리낌이 없었다.

　　이 그림에서 화가는 서법 용필로 꽃가지와 수초를 그렸고 농묵으로 잎맥을 그렸으며 이로부터 화가의 탄탄한 서법 능력을 엿볼 수 있다. 이는 "더위를 피해 청문에서 그림(逃暑生寫于青門)"이란 낙관과 어울려 더욱 멋스럽다.

　　그림은 전체적으로 변화무쌍하고 청아하며 수려한데 그중 비단잉어가 화룡점정이다. 화가는 색을 묵으로 삼았는데 먹빛과 색이 잘 어울리고 붓놀림이 웅건하여 기운이 거침없다. 주문(朱文)으로 '한삼(寒杉)', '장(張)'이 찍혀 있다.

부유(溥儒) 〈거목조구금도(擧目眺嶇嶔圖)〉

근대 | 축(軸) | 종이 | 세로 80cm 가로 34cm

Looking into the Distance

By Pu Ru | Modern | Hanging scroll | Paper | 80cm×34cm

부심여(溥心畬, 1887~1963년), 근대 서화가로 이름은 유(儒), 자로 이름을 삼았으며, 호는 서산일사(西山逸士)이다. 만족이며 청황실 종친으로 공친왕(恭親王)의 후손이다. 어려서부터 배움에 남달랐는데 경사자집(經史子集: 경서, 사서, 제자, 시문집)을 모두 섭렵하였으며 북경법정대학을 졸업하였다. 신해혁명 후, 대략 10년을 북경 서산 계단사(戒檀寺)에서 은거하다가 이화원으로 옮겨 전문적으로 회화에 종사하였다. 송 · 원 기법에 영향을 받아 산수화는 고아함이 돋보이며 홍염(烘染)이 적고 구륵과 준법을 사용해 양감을 표현하여 수려한 운치가 있다. 전해지는 작품으로는 현재 상해박물관에 소장된 〈계주롱적도(溪舟弄笛圖)〉(축), 〈추산루각도(秋山樓閣圖)〉(축)와 『중국현대명화휘간(中國現代名畵彙刊)』에 수록된 〈포금방우도(抱琴訪友圖)〉(축)가 있고, 저서로는 『사서경의집증(四書經義集証)』, 『한옥당논화(寒玉堂論畵)』가 있다.

이 그림은 1934년 작으로 원대 화가 예운림의 구도를 참조하였으며 화면은 정숙하고 쓸쓸한 모습이지만 한산하거나 황폐한 느낌은 들지 않는다. 전경의 나무는 어떤 것은 중묵(重墨)으로, 어떤 것은 담묵으로 혹은 노란 잎이나 마른 가지로 각기 표현하여 나무마다 필묵의 독특한 운용이 돋보인다. 나무 아래에는 얼룩덜룩한 돌들이 있고 저 멀리 산안개 끝으로는 산꼭대기가 훤히 보인다. 화면 속에서 하늘과 물이 하나가 됨으로써 허와 실이 어우러져 여백에서마저 의경이 엿보이니 이 그림은 실로 화가의 중년시기 걸작이다. 좌측 상단에 화가가 지은 "귀 기울여 파도소리 들어보고, 눈 들어서 산꼭대기 바라보네(傾耳聆波瀾, 擧目眺嶇嶔)"란 제시가 행서로 쓰여 있는데 공력이 대단하다. 아래는 주문(朱文)으로 '구왕손(舊王孫)', '서산일사(西山逸士)'라 찍혀 있으며, 이는 상해 전각의 거장 진거래(陳巨來) 선생이 제작한 것이다.

106

부유(溥儒) 〈유거도(幽居圖)〉

근대 | 부채 | 종이 | 세로 23.5cm 가로 27.7cm

A Leisure Life

By Pu Ru | Modern | Leaf | Paper | 23.5cm×27.7cm

　부유의 산수화는 '북종'을 모체로 하고 필법은 '남종'을 이용하여 수수하고 수려하며 홍염이 적고 선의 표현에 역점을 두었다. 이 그림은 공리적인 색채가 없이 평화로운 고요함만이 깃들어 있으며 속세의 번거로움을 벗어던지고 자연 속으로 은거하여 심신을 닦고자 하는 작가의 바람을 표현한 것이다. 강가 모래톱 위, 소나무 그늘 아래 초가집 한 채가 있고 한 늙은이가 창가에 한가히 앉아 아득한 강산을 바라보고 있다. 집 앞뒤에는 호석과 파초가 있고 서동은 쪼그려 앉아 화분을 정리하고 있다. 이러한 정경은 문인 아사들이 앙모하던 모습으로 그림의 주제를 돋보이게 할 뿐만 아니라 "낙엽은 산속 손님 놀라게 하고, 시냇물은 흘러흘러 들에 모이네. 언제면 티끌세상 시원히 떠나, 그대와 이웃하여 조용히 살리(落叶驚山客, 流泉集野賓. 何年謝塵世, 與尓結爲隣)"라는 작가의 시문과도 어울린다. 이 그림의 의경은 화가의 마음속 고민을 어루만져 주는 것으로 이 또한 화가의 정신과 심미관의 표현이다.

　오른쪽 하단에는 백문(白文)으로 '부유(溥儒)'라 찍혀 있다.

우조(于照) 〈청산유거도(靑山幽居圖)〉

근대 | 축(軸) | 종이 | 세로 75.5cm 가로 45cm

Living in Seclusion in Green Hills

By Yu Zhao | Modern | Hanging scroll | Paper | 75.5cm×45cm

우조(1887~1959년), 자는 비엄(非厂) 또는 비암(非闇), 호는 한인(閑人)이며 산동 봉래(蓬萊) 사람이다. 청말 공생(貢生)으로 중화인민공화국 수립 이후 북경중국화원(후에 북경화원으로 개칭) 부원장을 지냈으며 서화, 전각에 능하였다. 서예는 수금체(瘦金体)를 따랐고 그림은 먼저 사의(寫意) 화조와 산수를 습작하다가 46세 이후 공필 화조로 방향을 바꾸었는데 진홍수(陳洪綬)에서부터 입문하여 위로 거슬러 당송의 구륵법까지 섭렵하였으니 화목금충(花木禽蟲)과 청록의 운용이 모두 화려하고 눈부셨다. 백묘로 그린 난죽과 수선화가 특히 청일하며 전각에도 능하였다. 전해지는 작품으로는 〈쌍구수선도(雙鉤水仙圖)〉가 있는데 『현대서화집』에 수록되었고 1959년 인민미술출판사에서 『우비암공필화조선집(于非闇工筆花鳥選集)』 1권을 출판하였다. 저서로는 『비암만묵(非闇漫墨)』, 『도문조어기(都門釣魚記)』, 『예란기(藝蘭記)』, 『환합기(豢鴿記)』 등이 있다.

이 그림은 1930년 작품으로 포치가 완벽하고 의경이 참신하여 화가가 일찍 송원 청록산수를 연마한 공력이 엿보인다. 오른쪽 하단에는 백문(白文)으로 '비암 50 이후 작(非闇五十以后作)'이라 찍혀 있는데 이는 그림 제작 시 화가의 나이를 말해 줄 뿐만 아니라 화면에 붉은색을 더해 주어 사용이 매우 적절하다. 그림 속에서 두 늙은이가 각자 뱃머리에서 마주 보고 한담하는 장면은 화면의 활기를 돋우어 준다.

우조(于照)
〈부용접석도(芙蓉蝶石圖)〉

근대 | 축(軸) | 종이 | 세로 66cm 가로 35cm

Butterfly and Hibiscus

By Yu Zhao | Modern | Hanging scroll | Paper |
66cm×35cm

이 그림은 구도가 간결하다. 만개한 백색 부
용이 짙은 녹색 잎과 어우러져 눈처럼 빛이 나
고 깨끗해 보인다. 꽃망울은 금방이라도 터질
듯하고 꽃잎은 피어 있는 모습이 생동감 있고
자연스럽다. 나비 한 마리가 그 사이로 나풀나
풀 춤추며 다니니 지극한 정취가 있다. 꽃잎은
먼저 담묵으로 윤곽을 그리고 다시 백분으로
가장자리에서부터 안쪽으로 분염(分染)해 나
가는데 이어짐이 자연스러워 꽃잎에서 설백의
질감과 양감을 느낄 수 있다. 꽃잎의 중심 부분
은 연지로 점염(點染)함으로써 흰빛 가운데 붉
은빛이 감도니 꽃잎의 가냘프고 싱싱한 느낌
을 돋보이게 한다. 나비 묘사에서 특히 독창성
이 엿보이는데 먼저 마른 중묵(重墨)으로 나
비의 형태를 그린 후 다시 소필로 세심하게 정
리하고 마지막에 담황색으로 덧칠하여 나비
의 포시시한 질감을 표현하였으니 절묘하기
그지없다. 격조가 청신하고 수려하며 속되지
아니하여 분위기가 산뜻하고 보면 볼수록 맛
이 난다.

"경진년 동짓달 보름, 옥산연재에서 송인의
필치를 모방함. 비암(庚辰冬至月望日, 擬宋人筆
于玉山硯齋. 非闇)"이란 낙관이 있고 아래는 백
문(白文)으로 '우조(于照)'라 찍혀 있다.

서비홍(徐悲鴻) 〈입마도(立馬圖)〉

근대 | 축(軸) | 종이 | 세로 80.6cm 가로 42cm

A Standing Horse

By Xu Bei-hong | Modern | Hanging scroll | Paper | 80.6cm×42cm

서비홍(1895~1953년), 근대 화가로 이름은 수강(壽康)이며 강소 의흥(宜興) 사람이다. 어릴 적에 아버지에게서 시문·서화를 배웠다. 1919년 파리국립미술학교에서 공부하였으며 1927년 귀국하여 남경중앙대학 예술과 교수가 되었다. 후에 프랑스, 이탈리아, 홍콩, 인도 등지에서 전시회를 열었다. 중일전쟁 이후 북평예술전문학교 교수로, 1949년에는 중앙미술학원 원장으로 재직하였으며 중국미술가협회 주석으로 당선되었다. 그는 서양화에 능하였고 사실적인 묘사에 중점을 두었다. 소묘화는 인물과 초상을 주로 하였는데 조형이 간결하며 정확하였고 유화는 인물화와 풍경화가 뛰어났는데 작품에 애국정신과 인도주의 사상을 담았다. 중국화 창작에 있어서는 전통의 발전과 중국화와 서양화의 조화를 권장하였다.

서비홍은 말을 잘 그리기로 유명한데 말의 근육, 골격, 표정, 움직임 등을 오랫동안 관찰하였고, 자세, 구조, 해부 등을 깊이 연구하였다. 그가 그린 말은 혹은 내달리며 뒤돌아 울부짖거나 혹은 위로 솟구쳐 오르는 것이 생동감이 있었다. 기법상에서는 발묵과 사의법을 이용하거나 혹은 공필과 사의를 겸한 것도 있는데 중국의 전통적인 필묵 기교와 서구의 소묘, 명암법을 결합하여 말 그림에 있어 일대 새바람을 일으켰다. 이 그림은 친근함이 돋보이며 다른 작품에서의 소묘 소조(塑造) 효과 없이 전통 필묵의 표현력에 역점을 두었다. 그림 속에는 말 한 필이 고개를 숙이고 풀을 뜯고 있는데 조형이 정확하고 생동감이 있다. 이 그림은 붓놀림이 호방한데 조형과 완벽하게 어울리고 구륵과 준염이 하나가 되어 기운이 생동하니 그의 작품 중에서 전통 필묵의 운치가 듬뿍 배어 있는 작품이다.

'양승 선생에게 비홍(楊丞先生雅正悲鴻)'이란 낙관이 있고 아래는 백문(白文)으로 '비홍(悲鴻)'이라 찍혀 있다.

황해(黃海) 〈도화원도(桃花源圖)〉

근대 | 권(卷) | 비단 | 세로 44cm 가로 189cm

Landscape

By Huang Hai | Modern | Hand scroll | Silk | 44cm×189cm

황해, 무원(婺源, 현재 강서 무원) 사람으로, 함풍연간(咸豊, 1850~1861년)에 상해에서 몇 년간 거주하였다. 서예 및 전각에 뛰어났고 산수화에 능하였다. 처음엔 동원(董源)의 영향을 받았으나 후엔 형호(荊浩)와 관동(關소)을 모방하였으며 소나무와 오동나무 수묵화가 가장 뛰어났다. 만년엔 특히 소해(小楷)에 뛰어났는데 계호(鷄毫)를 즐겨 사용하였고 향년 79세로 졸하였다.

이 그림은 정밀하고 수려한 긴 산수화 두루마리로 산을 묘사함에 먹빛과 색상이 정교하고 아름다우니 원체 소청록(院体小靑綠) 공필산수화에 속한다. 그림에는 심산유곡이 끊임없이 이어지는데 기세가 웅위하고 유곡기봉은 수려하지만 속되지 않으며 윗부분에선 흰 구름이 산허리를 잘라 덮어 버리니 하늘 밖에 하늘이 있는 듯한 선경이요, 호숫가에선 잔잔한 물결이 일렁이고 기슭에는 복숭아꽃, 버들개지가 바람에 흩날리니 또한 봄빛이 완연하다. 그림을 보면 『도화원기(桃花源記)』가 떠오르는데 도교 사원까지 있어 마치 신선의 화원 같다. 문인들이 모여 술을 마시고 시를 읊으며 함께 멋진 시구를 감상하는 정경이 사람들을 끌어들인다.

이 청록산수화는 전통기법의 영향을 많이 받아 곳곳에서 빼어난 운치가 넘쳐흐른다. 붓놀림이 세밀하고 채색이 화려하며 정교하지만 지나치지 않아 아름다운 풍채가 그대로 전해진다. 먼저 담묵으로 형태와 구조를 그린 후 다시 석록(石綠), 석청(石靑), 자석(赭石)으로 채색하였다. 색상은 산석, 언덕의 바위, 수목의 질감과 표현의 필요에 따라 달리 처리하였으며 마지막에 밝은색에 흰색을 더하여 인물을 그림으로써 현사의 모임이란 주제를 돋보이게 하였다.

유해속(劉海粟) 〈소상야우도(瀟湘夜雨圖)〉

근대 | 축(軸) | 종이 | 세로 91cm 가로 31cm

Xiaoxiang Night Rain

By Liu Hai-su | Modern | Hanging scroll | Paper | 91cm×31cm

유해속(1896~1994년), 자는 계방(季芳), 호는 해옹(海翁)이며 원적은 안휘 봉양(鳳陽)이지만 강소 상주(常州)에서 태어났다. 유화와 중국화에 능하였으며 미술 교육에 힘썼다. 1910년 고향에서 도화연습실을 꾸렸고 1912년에는 상해에서 상해도화미술원(上海圖畵美術院, 후에 상해미술전문학교로 개칭)을 설립하였다. 1916년 교상 식을 낳으면서 인제 '보델'로 수업을 해 한때 '예술반역자'로 놀렸으나 채원배(蔡元培) 등 학자들의 지지를 얻었다. 1919년 일본 도쿄에서 열린 제국미술원 제1차 전람회에 참가하였으며 미술교육사업에 대해서도 연구하였다. 1922년 북경에서 첫 개인전을 열었고, 1923년 교육부의 예술 및 교육과정 강령 제정사업에 심의위원 및 기안자로 참가하였다. 1926년 손전방(孫傳芳)이 상해시 당국을 지지하여 상해미전의 나체화 수업을 금하는 명령을 반포하자 서신을 보내 그와 논쟁함으로써 미전은 봉쇄되었고, 그는 '학벌(學閥)'이란 죄명으로 수배되었다. 1927년 일본으로 건너가 일본 미술계 인사들과 교류하였으며, 1929년 프랑스, 스위스에 간 후 유화작품 〈삼림(森林)〉과 〈야월(夜月)〉 등이 파리의 한 살롱에서 초청 전시되었고 중국화 〈구계십팔간(九溪十八澗)〉은 국제전람회에서 수상하기도 했다. 1931년 프랑스 파리, 상해, 남경 등지에서 각각 개인전을 열었으며 『세계명화집』을 편역하였다. 1933년 독일에서 중국현대회화전을 주관하였고 1940년 자카르타, 쿠알라룸푸르 등지에서 중국현대명화전을 열기도 했다. 1947년 상해 '중국예원(中國藝苑)'에서 개인전을 열었으며 1952년에는 화동예전(華東藝專)의 교장 직을 맡았다. 1979년 문화부, 중국미술가협회의 주도로 유해속미술작품전을 열었다. 또한 남경예술학원 원장·명예원장·교수, 상해미술가협회 명예주석, 중국미술가협회 고문, 전국정협상무위원회 위원 등을 역임하였다. 1981년 이탈리아 국가예술학원에서 유해속을 원사로 임용하면서 금제 훈장을 수여하였고 영국 옥스퍼드 국제전략중심에서 걸출한 성과를 거둔 인물에게 수여하는 상을, 이탈리아 유럽학원에서는 유럽 종려금상을 수여하였다. 작품집으로는 『유해속화집(劉海粟畵集)』, 『유해속유화선집(劉海粟油畵選集)』, 『유해속국화(劉海粟國畵)』, 『학화진전(學畵眞詮)』 등이 출판되었다.

이 그림은 친구에게 선물하기 위해 즉흥적으로 그린 것으로 1928년 작이다. 붓놀림이 적으나 필력이 웅건하다. 앞부분의 두 대나무 중 하나는 곧고 하나는 굽었는데 곧은 것은 굳세고 굽은 것은 수려하며, 곧은 것은 잎이 한가득 있고 굽은 것은 잎 하나 없이 대가 화면 밖에까지 뻗어 있으니 서로 대비되면서도 어우러져 더욱 돋보인다. 긴 대 아래로는 나이 어린 대나무 두 개가 있으며 이것 역시 하나는 곧고 하나는 굽었다. 그 뒤로 있는 태호석에는 농담묵(濃淡墨)으로 윤곽을 그리고 고필(枯筆)로 먹점을 찍었으나 자세히 보면 붓놀림이 극히 적다. 낙관은 거칠어 정밀함을 의도하지 않은 듯한데 아래로는 주백(朱白)으로 도장 두 개가 있다. 전체적으로 작가의 탄탄한 필묵 공력과 진솔한 예술가적 기질을 엿볼 수 있다.

112

엽방초(葉訪樵) 〈부귀도백두(富貴到白頭)〉

근대 | 부채 | 종이 | 세로 46.5cm 가로 17.5cm

Hibiscus, Sweet Osmanthus and Bird

By Ye Fang-qiao | Modern | Leaf | Paper | 46.5cm×17.5cm

　엽방초(1896~1986년), 호는 반풍누주(伴楓樓主), 하북 창주(滄州) 사람이다. 서북의학원 문서부 주임, 한중사범 · 일중학교 미술 교원, 한중 임시중학 미술 교원으로 재직하였고, 서북위생부 섬서성 위생청에서 일하기도 했다. 1957년 시안미술학원 교원이 된 후 작고할 때까지 화조화 연구와 창작에 힘썼다. 화조화에 능하였으며 특히 목단, 금붕어가 유명하다.

　그림 속에는 만발한 분홍 부용 두 송이가 바람을 맞받아 서 있는데 하나는 정면으로 하나는 측면으로 각기 아름다운 자태를 뽐내고 있다. 청록색 이파리는 운치가 있으니 부용의 비할 데 없는 가냘픔을 돋보이게 한다. 계수나무 한 그루가 비스듬히 가로질러 있고 담황색 꽃이 가지에 자잘하게 가득하여 사람의 심신을 편안하게 하는 그윽한 향기가 뿜어 나오는 듯하다. 흰머리새 한 마리가 이 아름다운 풍경에 반해 그 위를 맴돌고 있다. 이 그림은 '부용', '계화'를 차용하여 '부귀'를 표현하는, 중국 화조화에서 자주 볼 수 있는 길상을 제재로 한 작품이다.

　그림은 운남전(惲南田)의 몰골법을 사용하였으며 붓놀림은 담백하고 자연스러우며 채색은 산뜻하고 수려하다. 격조가 청아하고 고상하여 청신한 기운이 흘러 보는 이로 하여금 정신이 맑아지고 눈이 즐거워지며 반복하여 음미하게 한다. 오른쪽 모서리에는 "가을 강물에 새롭게 차린 단장 비춰 보니, 비단옷 휘감은 한녀의 귀걸이 한들거리네. 뭇 요정들과 봄빛 다투지 않고 계화와 함께 향기만 풍기네(秋江練影照新妝, 漢女綃籠赤玉瑠. 不于群妖競春色, 共隨金粟散天香)"라는 칠언절구가 있고 낙관은 '경술 가을, 중초(庚戌秋, 仲樵)'라 하였다.

황군벽(黃君璧) 〈금쇄관(金鎖關)〉

근대 | 축(軸) | 종이 | 세로 86cm 가로 27.8cm

Jinsuo Pass

By Huang Jun-bi | Modern | Hanging scroll | Paper | 86cm×27.8cm

황군벽(1898~1991년), 원명은 온지(韞之), 자는 군벽(君璧)이며 원적은 광동 남해현(南海縣)이다. 어려서 집안이 유복하여 소장품이 많았다. 17세에 이요병(李瑤屛)에게 그림을 배웠으며 23세에 광주 배정중학에서 교편을 잡았다. 1937년 39세 나이에 서비홍(徐悲鴻)이 있는 중앙대학에서 미술과 교수직을 맡았으며 서 씨와는 11년간 교유하였다. 1949년 대만으로 건너가 대만사범학원(현재 대만사범대학) 예술과 교수 및 주임이 되었다. 그는 초기에는 절강을 좋아하였으며 중년에는 하규(夏圭)를 앙모하여 고대서화 수백 점을 모사했었는데 공력이 탄탄하였다. 산수화에 능하였으며 특히 자욱한 폭포를 표현하는 데 뛰어났으니 필묵으로 표현한 폭포의 기세가 무척이나 웅장하였다. 간혹 공필(工筆)로 미인화와 화조화도 그렸는데 역시 청신하고 수려하였다.

이 그림은 화산(華山)에 오른 후 느낀 바를 그린 것이다. 그림에는 깎아지른 듯한 산들이 하늘을 찌를 듯 우뚝 솟아 있고 산 정상에는 노송이 바람을 맞받아 꿋꿋하게 서 있으며 도교 사원 하나가 보일 듯 말 듯한 가운데 고사(高士) 한 명이 지팡이를 짚은 채 태연자약하게 벼랑길을 걷고 있다. 화가는 독특한 구도를 선보였는데 협소한 시야를 취하여 운해를 화면 아래에 배치함으로써 산세의 험준함을 강조하였다. 필묵을 사용함에 기백이 있으니 원봉윤필(圓鋒潤筆)로 산세를 그리고 담묵으로 입체감을 주었으며, 노송은 농묵으로 그려 강건하고 힘차다. 전체 화면은 채색이 우아하고 흠뻑 스며들었으니 화산의 험준함을 생동감 있게 표현하였을 뿐만 아니라 또 다른 분위기와 운치가 있다.

장대천(張大千) 〈잠화사녀도(簪花仕女圖)〉

근대 | 축(軸) | 종이 | 세로 168cm 가로 30cm

Ladies with Head-pinned Flowers and Round Fans

By Zhang Da-qian | Modern | Hanging scroll | Paper | 168cm×30cm

　장대천(1899~1983년), 근대 유명한 화가로, 원명은 정권(正權), 후에 원(爰)으로 고쳤으며, 어릴 적 이름은 계(季) 또는 계원(季爰)이다. 사천 내강(內江) 사람으로 화가 장선자(張善孖)의 동생이다. 9세부터 어머니에게서 화조초충 백묘를 배웠고 청년시기 형 선자과 함께 일본 교토에서 회화를 배우면서 염식공예노 연구하였다. 귀국한 후 이서청(李瑞淸)과 승희(曾熙)에게 시문·서화를 배우다가 범학에 몰두하여 한때 승려[법호는 대천(大千) 또는 대천거사(大千居士)]가 되었으나 얼마 지나지 않아 환속하였다. 청장년시기 석도(石濤), 팔대(八大), 염잔(髥殘), 절파(浙派) 등 여러 작품들을 모사하면서 그들의 진수를 깊이 체득하였다.

　〈잠화사녀도〉는 현재 시안시 문물보호고고학연구소에 소장되어 있으며, 화가가 돈황에서 2년 반 동안 모사를 연습하고 돌아온 1944년, 즉 화가 나이 45세에 그린 작품이다. 이 그림은 조형이 엄밀하고 붓놀림이 웅건하여 화가가 돈황에서 당대 벽화를 모사하면서 쌓은 예술공력을 엿볼 수 있다. 인물 동태가 생동하니 오른팔에 둥글부채를 끼고 부채 손잡이를 쥔 왼손은 소매 속에 감추었다. 여인의 얼굴과 발끝 방향을 상반되게 그림으로써 살아 움직이는 듯한 느낌을 주는 것이 절묘하고 여인의 표정은 장중하며 사색에 잠긴 듯하다. 회화 기법 면에서 힘 있는 선이 숙련 정도를 보여준다. 여인의 얼굴 부분은 모두 철선묘(鐵線描)를 사용했는데 먼저 담묵으로 선을 그린 후 다시 붉은색을 덧칠하여 원래 빈약해 보이던 선에 양감이 생겼다. 색은 붉은색, 남색, 흰색, 묵색 그리고 종이의 색을 합해도 다섯 가지 색이 전부지만 매우 풍부해 보이며 농염하면서도 전아하다. 두 군데의 낙관 중 좌측 상단의 것은 원화(原畵)의 시문으로 "달빛 밝은데 왕랑이 노래 부르고, 상녀는 죽지사(竹枝詞)를 읊조리네. 가을바람에 찬이슬 떨어지는데, 옷깃에선 시름이 괴어오르네. 갑신년 봄, 대천거사가(明月王郞曲, 竹枝湘女謳. 秋風零露下, 襟里欲生愁. 甲申春日, 大千居士爰)"라고 적혀 있고 우측 상단에는 "매군부인의 높은 가르침을 바랍니다. 대천 장원(寄似梅君夫人淸鑒, 大千張爰)"이라고 적혀 있다. 검(鈐)은 다섯 개로 맨 처음 주문(朱文)은 '마등식체(摩登式体)', 왼쪽 그림은 백문(白文)으로 '장대천(張大千)', 주문(朱文)으로 '촉객(蜀客)', 오른쪽 그림은 백문(白文) '장계(張季)', 주문(朱文) '대천(大千)'이다. 전체 그림은 화가의 전통 회화에 대한 계승과 발전을 보여준다.

115

장대천(張大千) 〈고사관천도(高士觀泉圖)〉

근대 | 축(軸) | 종이 | 세로 129cm 가로 46cm

A Noble Man along the Stream

By Zhang Da-qian | Modern | Hanging scroll | Paper | 129cm×46cm

이 그림은 화가가 1934년(당시 35세)에 소주 망사원에서 그린 사의(寫意) 산수인물화이다. 이 산수화에서 화가의 석도(石濤) 산수화 기법에 대한 체득과 재창조를 확실하게 엿볼 수 있다. 그림은 한 고사(高士)가 바위에 엎드려 조용히 샘물을 구경하는 상년으로 보는 이로 하여금 "휘영청 밝은 날이 소나무 숲을 비추고, 맑고 투명한 샘물이 돌 위에서 흐르네(明月松間照, 淸泉石上流)"라는 시경이 떠오르게 한다. 백문(白文)으로 '대천대사(大千大私)', '대천무양(大千無恙)'이라 찍혀 있다.

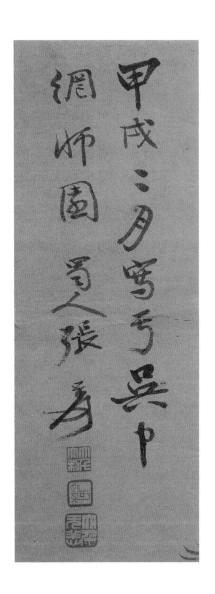

장대천(張大千)
〈방절강추강어정도(仿浙江秋江漁艇圖)〉
근대 | 축(軸) | 종이 | 세로 151cm 가로 52.5cm

Fishing Boat on Autumn River

By Zhang Da-qian | Modern | Hanging scroll | Paper | 151cm×52.5cm

이 그림은 1946년 작으로 한창때 작품이므로 필법의 완숙함은 물론이고 특히 서예는 이미 풍격을 완전히 갖추었다. 이 그림의 낙관에는 "석양이 강기슭을 비추니 그 그림자는 물결에 유원(悠遠)해 보이누나. 저 바람에 흩날리는 성긴 나뭇잎은 그 모습이 나의 귀밑머리 같구나. 참 사물도 쇠락하고 사람도 노쇠해졌구나! 나는 작은 고깃배에 몸을 맡긴 채 가을 조수에 실려 둥실거린다네. 피리를 불며 달님이 높이 솟아오르는 것을 느긋하게 바라보네. 함께할 사람 없음을 잘 알고 있어 나 홀로 즐기네. 매도인「어부사」. 병술년 여름 오월타수촌거만도. 대천 장원(斜日映江皋, 波影迢迢. 怪他疎樹葉蕭騷, 似伴老夫雙短鬢. 物弊人凋. 放個小漁船, 順落秋潮. 笛聲閑送月兒高. 斜得无人來和我, 且自逍遙. 梅道人「漁父詞」. 丙戌夏五沱水邨居漫圖. 大千·張爰)"이라 적혀 있다. 인장은 백문(白文)으로 '장원지인(張爰之印)', 주문(朱文)으로 '대천(大千)'이라 찍혀 있다. 두루마리를 묶은 부분에 "절강추강어정도문인 하영(장대천의 제자 장안화파 거벽 하해하) 제[浙江秋江漁艇門人何瀛(長安畵派臣擘何海霞, 爲張大千弟子)題]"라 적혀 있다.

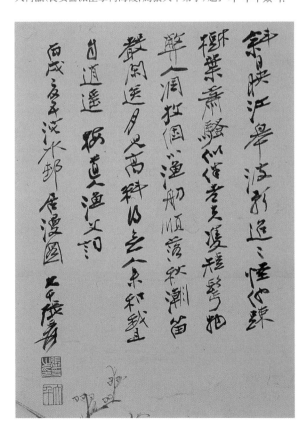

장대천(張大千)
〈추풍환선도(秋風紈扇圖)〉

근대 | 축(軸) | 종이 | 세로 53cm 가로 28cm

A Lady Looking at Willows

By Zhang Da-qian | Modern | Hanging scroll | Paper |
53cm×28cm

이 미인도는 붓놀림이 간결하여 양해(梁楷)의
감필법(減筆法)을 터득하여 그린 듯하다.

미인을 제재로 한 작품은 전국시대부터 있었
으며 지금까지 한 폭으로 된 미인도는 대부분 정
면이나 측면을 그린 것으로 뒷모습을 그린 것은
드물었다. 반면 대천 거사는 흰옷을 입은 가냘픈
여인의 뒷모습을 창조적으로 형상화하였다. 이
그림은 묵색을 제외하거나 주홍과 화청 두 가지
색만 사용하였지만 단조로운 감이 전혀 없다. 인
물 묘사에 있어서 화가는 단아하고 눈을 끄는 채
색과 극히 적은 필묵으로 자태가 아리따운 요조
숙녀를 그려내었다. 뒷모습의 여인은 사람들에
게 무한한 상상의 공간을 제공함으로써 화면의
맛을 더해준다. 그림은 크기가 작지만 남다른 심
미 의경을 갖추고 있어 대천 선생의 감필화(減筆
畵) 중에서 보기 드문 걸작이라 할 만하다.

장대천(張大千) 〈계산은거도(溪山隱居圖)〉

근대 | 축(軸) | 종이 | 세로 70cm 가로 32cm

Living in Seclusion among Streams and Mountains

By Zhang Da-qian | Modern | Hanging scroll | Paper | 70cm × 32cm

〈계산은거도〉는 1946년 작인데 당시 화가는 47세로 젊고 혈기 왕성하였으며 돈황에서 3년간 모사하다가 돌아온 후라 경험이 풍부하고 전통 필묵 공력 또한 탄탄하였다. 돈황에서 돌아온 후 화가의 인물화는 극히 전통적이었는데 성당(盛唐)의 기법을 흡수하여 풍만하고 화려하면서도 웅장하고 서정적이었다. 돈황의 성당 인물화 기법을 직접 산수화에 적용할 수는 없었지만 미학적 사상을 산수화에 접목시켰음을 이 그림을 통해 알 수 있다. 이 시기 대천의 산수화는 이미 석도(石濤) 산수화를 따를 때와는 사뭇 달랐다. 이 그림은 고사은거(高士隱居)의 전통적인 제재를 그린 것이지만 이미 황량하고 쇠락한 모습은 사라지고 생명력이 약동하는 모습을 보여준다. 이는 당연히 당대 회화, 특히 성당 회화 예술의 영향을 받았기 때문이기도 하지만 작품 제작 당시 인문환경과 생활상태에서도 그 원인을 찾을 수 있다. 1946년 봄은 전국적으로 신중국 건설에 대한 동경과 희망으로 충만하던 시기로 중경과 성도를 오가며 거주하던 대천 선생은 근거리에서 '쌍십협정(双十協定)' - 즉 1945년 10월 10일 국공 중경회담 - 을 지켜볼 수 있었다. 때문에 이 시기 작품은 대부분 따스하고 경사스러운 기운이 가득하였다. 물론 대천 선생의 작품 가운데 평생 처량하고 암담한 분위기의 인물화, 산수화 및 화조화는 극히 적었지만 이 시기 작품은 특별히 명려하고 즐거운 기운이 감돌아 평화롭고 풍족하며 편안한 생활에 대한 화가의 동경과 갈망이 넘쳐흐른다. 이 그림은 붓놀림이 창망한데 집 뒤 우뚝 솟은 산이 그러하고, 묵 사용이 풍부한데 집 앞뒤 수목이 그러하다. 색상은 자석(赭石), 화청(花靑), 석록만 사용하였지만 역시 풍부한 느낌이다. 기타 시기 특히 젊은 시절 작품과 비교할 때 이 작품은 박진감이 뛰어난다. 멀리 산림 계곡에는 하얀 비단 같은 폭포가 쏟아져 내리고 가까운 울창한 수풀 속에는 초가집 여러 채가 있는데 한 늙은이가 그 속에서 발길 닿는 대로 노닐고 있으니 이와 같이 고즈넉하고 운치 있는 곳은 모든 이가 지향하는 꿈의 낙원이다.

'장원(張爰)', '삼천대천(三千大千)', '대풍당(大風堂)' 세 개 인장이 있다.

119

장대천(張大千)
〈망원도(望遠圖)〉

근대 | 축(軸) | 종이 | 세로 61,5cm 가로 32cm

Gazing Far Afield

By Zhang Da-qian | Modern | Hanging scroll |
Paper | 61.5cm × 32cm

　황산은 산세가 험준하고 운무가 자욱
하며 변화무쌍하고 미묘하기 이를 데 없
어 오르고 나면 다른 산은 보이지 않는다
는 말이 있다. 이 그림은 선생이 벗에게
선물하려 그린 것으로, 필묵은 적지만 정
묘함을 잃지 않았다. 근경엔 높고 가파른
바위가 우뚝 솟아 있고 그 위에는 노송이
용틀임하여 산 밖으로 뻗어 있다. 노송의
나무줄기는 굵고 튼튼하며, 날카롭고 굳
센 솔잎은 푸르고 빽빽한데 그 옆엔 한
나이 든 사람이 나무에 기대어 가부좌를
한 채 먼 곳을 쳐다보며 생각에 잠겼다.
맞은편 가까운 곳엔 폭포가 쏟아져 내려
운무가 자욱하니 먼 산이 은은하게 보인
다. 이 그림은 여백이 많아 화면이 간결
하면서도 숨은 뜻이 깊다. 행필이 유창하
고 웅건하며 농담이 알맞다. 폭포는 먼저
담묵으로 문지른 후 다시 선으로 물줄기
를 그렸고 마지막에 하얀색으로 제염(提
染)함으로써 청명하고 광활한 분위기와
운치가 돋보이는 가운데 화가의 저력이
느껴진다.

222

120

장서기(張書旂) 〈당원춘의도(棠園春意圖)〉

현대 | 권(卷) | 종이 | 세로 67cm 가로 132cm

Peacock in Garden

By Zhang Shu-qi | Modern | Hand scroll | Paper | 67cm×132cm

장서기(1900~1957년), 현대 화가로 원명은 세충(世忠), 자로 이름을 삼았으며 절강 포강(浦江) 사람이다. 상해미술전문학교를 졸업하고 남경중앙대학 예술과 교수직에 있었으며 중일전쟁 후에도 한동안 지속하다가 미국으로 출국하였다. 화조화에 능하였는데 임백년(任伯年)의

영향을 받았다. 사생을 열심히 하였고 채색에 뛰어났으며 특히 분(粉) 사용에 능하였으니 염색한 편지지에 분을 찍어 물들인 것이 생동감이 있었다. 1982년 호남미술출판사에서는 『장서기영모집(張書旂翎毛集)』을 출판하였다.

이 그림은 1940년 작으로 작가가 출국 전에 그린 것이다. 작가는 화조화에 능하였는데 전통 회화의 기초하에 새로움을 더함으로써 공작새의 조형이 정확하고 생동감이 있으며 색상은 농염하지만 속되지 않아 화려하면서도 산뜻하다. 해당화는 화사하지만 속되지 않고 분을 사용함에 있어 두껍지만 튀지 않으니 그야말로 현대 백분 사용의 대가이다. 그의 그림은 참신함으로 인해 당시 화단에서 각계의 주목을 받았으며, 이는 미국에서, 특히 미국계 중국인들이 그의 작품을 선호하는 이유이다. 〈당원춘의도〉는 중국에서는 보기 드문 진귀한 작품이다.

장서기(張書旂) 〈풍엽소조도(楓葉小鳥圖)〉

현대 | 축(軸) | 종이 | 세로 65cm 가로 19cm

Birds and Maple Leaves

By Zhang Shu-qi | Modern | Hanging scroll | Paper | 65cm×19cm

이 그림은 1933년 작으로 화가가 벗인 섬서 경양(涇陽) 주백민[周伯敏, 우우임(于右任)의 생질]에게 선물한 것이다. 그림은 크지 않지만 작은 새 한 쌍을 재미나게 그렸다. 낙관에는 '백민선생 일찬(伯敏先生一粲)'이라 적혀 있는데 여기서 일찬(一粲)은 생동감과 유미리스힘을 더해 준다. 찬(粲)은 웃음을 뜻하는 말로 여기서는 '소납(笑納)'과 '부끄럽다' 두 가지 뜻을 품고 있으니 문인화가의 문학적 수양이 엿보인다. 장서기는 임백년의 화초기법을 따름에 일정한 성과를 이루었다. 서로 의지한 작은 새들을 필묵으로 묘사함에 재미나고 생동감이 있어 화가의 필묵공력과 조형능력이 뛰어남을 알 수 있다.

여웅재(黎雄才) 〈우산비폭도(雨山飛瀑圖)〉

현대 | 축(軸) | 비단 | 세로 87.5cm 가로 30.3cm

Waterfall of Rainy Mountain

By Li Xiong-cai | Modern | Hanging scroll | Silk | 87.5cm×30.3cm

이 그림은 민국 35년 추석, 장안에서 그린 것으로 작가가
친구 운암(雲庵) 선생에게 선물한 것이다. 전체 그림은 묵색
이 풍부하고 농담 변화가 자연스럽다. 하단에 있는 울창한
두 소나무는 솔잎이 짙고 치밀하며 나무줄기는 곧거나 굽어
서로 어우러졌다. 먼 산은 안개에 싸여 검푸르고 중경의 폭
포는 마치 은하수가 거꾸로 걸린 듯하며 하늘에서 미끄러지
듯이 날고 있는 산새 한 마리는 화면에 생명력을 불어넣어
준다.

이 그림을 보고 있노라면 당시 작가가 이미 산수화에서 영
남화파의 색채 운용의 진수를 체득하였음을 알 수 있으며 그
의 예술적 성공이 결코 우연이 아님을 알 수 있다.

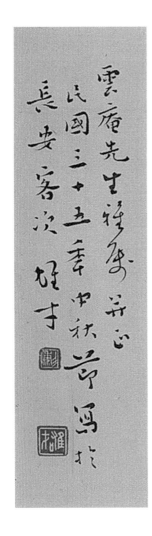

조망운(趙望雲) 〈기련방목도(祁連放牧圖)〉

현대 | 축(軸) | 종이 | 세로 96.5cm 가로 33.3cm

Herding on the Qilian Mountain

By Zhao Wang-yun | Modern | Hanging scroll | Paper | 96.5cm×33.3cm

조망운(1906~1977년), 현대 저명 화가로, 하북 속록(束鹿) 사람이다. 북평 경화미술전문학술학교를 졸업하고 잇따라 북경사범 교사, 상해중화서국(上海中華書局) 편집인, 천진대공보(天津大公報) 기자를 역임하였다. 산수화와 인물화에 능하였으며 붓놀림이 간결하였고 세새는 대부분 하층 노동자의 삶에서 취하였다. 중일선생 시기 풍옥상의 지지하에 『항전화간(抗戰畵刊)』을 창간하여 항일구국운동을 전개하였다. 서북 각 성에 모두 발자취를 남겼는데 서북 지역의 민족 풍토와 인심을 깊이 느끼고 돈황을 포함한 민족문화의 정수를 모두 흡수하였다.

〈기련방목도〉는 화가가 경물에 대한 사실적 묘사 이론을 수립한 시기인 1944년 역작으로 필묵 사용에 심혈을 기울인 작품이다. 구상이 기이하고 구도가 험준하며 붓놀림이 과감하고 거침없다. 색은 수수하고 독특하며 원근감이 분명하다. 이 그림에서 묘사하려는 주체는 소수민족과 나그네로 화면 중앙에 놓았으며, 크기만 비교했을 때 인물은 화룡점정의 마지막 점에 불과한 것 같으나 다시 산석을 자세히 살펴보면 거꾸로 된 'U'자형 산석이 그림의 부분에 불과한 유목민과 주변 환경을 돋보이게 한다. 가까운 산은 석록(石綠)으로 대부벽준(大斧劈皴)을 써서 그렸고 먼 산은 옅은 자석(赭石)으로 소부벽준(小斧劈皴)과 피마준(披麻皴)을 결합하여 그렸다. 조망운의 작품에서 인물이 없는 산수화는 극히 적은데 이는 작가가 처한 시대와 그에 따라 형성된 인생관 및 심미관과 깊은 관계가 있다. 이 그림은 산수가 대부분을 차지하고 인물은 극히 적은 부분을 차지하지만 보는 이에게는 인물이 주체인 느낌을 주면서 사람, 특히 소수민족 노동자를 노래하고 있음을 느끼게 한다.

124

조망운(趙望雲) 〈운량도(運粮圖)〉

현대 | 권(卷) | 종이 | 세로 40cm 가로 149.5cm

Grains Carrying

By Zhao Wang-yun | Modern | Hand scroll | Paper |
40cm×149.5cm

이 그림은 1946년 작으로 서북 지역 노동자의 풍속과 생활을 그렸다. 좌측 화면에는 세 노인이 당나귀 여덟 마리를 몰고 강기슭에서 어슷거리고 있다. 이 부분이 그림의 중심으로 노인 세 명과 당나귀 여덟 마리가 보여주는 이야기가 흥미롭다. 맞은편 기슭에는 원래 파찰장(巴扎場, 농산물 시장)이 있었는데 홍수로 물이 불어 장 보러 가던 세 노인이 강을 건너지 못하고 있다. 먼저 온 두 노인 중 한 노인은 이미 당나귀 세 마리를 몰고 뒤돌아가고 있고 다른 한 노인 역시 발걸음을 돌리고 있으나 나중에 도착한 노인은 강가에

230

서 지켜보는 중이다. 당나귀 네 마리도 주인
과 통하는 데가 있는지 그 자리에서 기다리
며 각기 풀을 뜯거나 바라보거나 기다리거
나 휴식하고 있다. 버드나무가 휘휘 늘어져
있는데 이는 강물이 쉽게 불어나는 여름임
을 말해 준다. 맞은편 강기슭에도 위구르족
노인 두 명과 당나귀 네 마리가 있어 한 노
인은 앉아서 강을 바라보며 한탄하는 중이
고 다른 한 노인은 당나귀를 몰아 되돌아가
려는 중이다. 얼핏 보면 신경 쓰지 않은 듯
하여 그다지 재미를 느낄 수 없으나 자세히
뜯어보면 독창성 있는 작품으로 또 다른 재
미가 느껴진다.

조망운(趙望雲) 〈송도행려도(松濤行旅圖)〉

현대 | 축(軸) | 종이 | 세로 100.5cm 가로 32.5cm

Traveling

By Zhao Wang-yun | Modern | Hanging scroll | Paper | 100.5cm×32.5cm

이 그림은 1943년 작으로 당시 조망운의 회화 풍격은 꼭 이 그림의 풍격과 같았다. 즉 경물이 인물보다 크고 인물은 매우 작으며 중경에 위치하였는데 이는 그림을 팔아 생계를 유지하는 화가에게는 시간을 절약하는 방법으로 아주 실용적이었다. 이 시기 화가의 소품(小品)에는 거의 모두가 ○○ 선생 · ○○ 인형(仁兄, 벗을 높여 이르는 말), 교성(敎止) · 존성(存止)이라고 적혀 있다. 모두 선물하거나 판매한 작품으로 이로부터 40년대 조망운의 시안 등 전국적인 명성과 사람들이 소장하려는 작품이 대부분 소품임을 알 수 있다. 이는 당시 사회의 예술품 구매력뿐만 아니라 회화의 보급 정도를 말해 준다. 그림에서 세파를 겪은 소나무가 바람을 맞받아 군건하게 서 있고 저 멀리 서역 사람이 말을 끌며 가고 있는데 드넓은 사막의 한 줄기 연기 같은 웅장한 아름다움을 표현하였다. 화가는 적은 붓놀림으로 서부 특유의 드넓고 적막한 자연환경과 평온하면서도 풍부한 인문환경을 화면에 녹여냈다. 조망운 선생의 40, 50년대 작품은 모두 서역 변경 생활을 체험해 보지 않은 사람은 그려 낼 수 없는 서부 목가(牧歌)적 작품으로, 변방 화가의 면모를 그대로 보여준다.

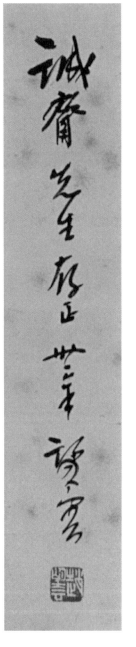

조망운(趙望雲)
〈초전송반(蕉田送飯)〉

현대 | 축(軸) | 종이 | 세로 95.7cm 가로 44.5cm

Banana Trees and the Women

By Zhao Wang-yun | Modern | Hanging scroll | Paper |
95.7cm × 44.5cm

〈초전송반〉은 조망운의 1946년 작인데
파초림(芭蕉林) 속에서 부녀자와 어린이가
식구들을 위해 밥을 나르는 장면으로 청신
하고 자연스러운 남방 농가의 일상을 그렸
다. 이 작품은 웅건한 필력으로 농가생활을
질박하고 현실감 있게 표현하였다. 파초나
무는 대사의(大寫意) 기법으로 그렸는데 먼
저 옅은 석록(石綠)으로 잎을 그린 후 다시
묵으로 잎맥을 그렸다. 인물형상이 핍진하
고 동태와 표정이 순박하고 친근하다. 이로
부터 조망운이 시안에 정착한 후 중국화로
현실생활의 새 기풍을 표현하려 노력했음을
알 수 있다. 이 그림은 포치가 적절하고 생활
의 정취가 짙은데 부녀자와 아이 그리고 까
치 네 마리의 등장은 이러한 정취를 더해 주
었다. 파초 잎은 농담 변화가 미묘하고 멀리
몇 군데 담묵 흔적은 파초림의 심원함을 암
시한다. 이로써 전체 화면이 차분하고 유쾌
한 분위기에 싸이는 효과가 있다. '35년 봄
장안에서, 조망운(三十五年春月于長安, 趙望
雲)'이란 낙관과 '조망운(趙望雲)'이란 백문
(白文) 인이 있다.

조망운(趙望雲) 〈가릉강행주도(嘉陵江行舟圖)〉

현대 | 축(軸) | 종이 | 세로 108cm 가로 30cm

Boating along Jialing River

By Zhao Wang-yun | Modern | Hanging scroll | Paper | 108cm×30cm

　이 그림은 가릉강(嘉陵江) 연안의 풍경을 묘사한 것으로 구도가 웅위하고 기이하며 산석 또한 기세가 웅장하여 사람의 마음을 뒤흔드는 매력이 있다. 붓놀림은 신속하고 호방하며 멈추고 바뀜에 힘이 있어 운율감과 표현력이 뛰어나다. 산세와 대비되는 것은 그림 속 화룡점정인 인물이다. 강 가운데에서는 뱃사공이 태연자약하게 돛을 다 올려 풍랑과 맞서고 있는데 세찰로 도도히 흐르는 강물을 묘사함으로써 마치 인간의 힘으로 소용돌이치던 파도를 잠재운 듯하다. 다시 눈길을 돌려 강기슭 산길 위 배를 끄는 인부가 몸을 굽혀 힘쓰는 모습을 보노라면 마치 무겁고 힘찬 '이영차' 소리가 귓가에 울리는 듯하다.

128

조망운(趙望雲) 〈기련산종마도(祁連山縱馬圖)〉

현대 | 종이 | 세로 81.3cm 가로 79.1cm

Horse Riding at the foot of Mountain Qilian

By Zhao Wang-yun | Modern | Paper | 81.3cm×79.1cm

　　1941년 이후 조망운은 성도에 머물면서 장대천(張大千), 서비홍(徐悲鴻) 등의 영향을 받아 중국화의 전통기법을 체계적으로 연구하기 시작하였다. 이어 서북 유람 중 돈황 벽화를 모사하면서 화풍이 변하기 시작하였고 회화 제재는 농민에서 서북 지역의 자연산천과 시골풍물로 바뀌었다. 시안에 정착한 후 서북화가군의 핵심인물이 되었다. 이 그림은 화가의 예술이 성숙기에 접어들 무렵 그린 작품이다. 그림에서 아득하고 흐릿한 산석이 인물을 부각시켜 주는 가운데 소수민족 청춘남녀들이 초원을 누비는 멋진 자태를 집중적으로 묘사하였다. 인물을 묘사함에 자유분방하고 거침없는 붓놀림으로 자연스러움을 추구하고 사실적 묘사를 중요시하였다.

　　조망운의 화풍은 자연스럽고 질박하며 생활정취를 중요시하였는데 평범한 농가생활에서 깊은 의미를 찾아내었다. 시골 사생을 주로 한 전기 작품은 중국화가 현실생활 속 새 기풍을 반영하는 데 있어 선구적 역할을 하였고, 후기 작품은 장안화파의 초석이 되었다. 중국화 발전에 있어 그의 공헌을 빼놓을 수 없음은 물론이다.